मंगल मैत्री

कन्हैया जी आनंद
एएमआईई, एमबीए

शारदा कुमारी
पीजीडीएम (मानवाधिकार)

TANEESHA
PUBLISHERS

Title : Mangal Maitree

Author : Kanhaiya Jee Anand, Sharda Kumari

Edition : First (February, 2025)

ISBN : 9789348037558

Published by

TANEESHA PUBLISHERS

Regd. Add.: 254, Khuriyakhatta No. 10, Bindukhatta,
Lalkuan, Nainital - 262402, Uttarakhand (India)
Website : www.taneeshapublishers.in
E-mail : taneeshapublishers@gmail.com
Phone : +91 845481 2712, +91 976041 7980

Printed by :
Manipal Technologies Limited, Bengaluru - 560001

समर्पण

यह वास्तविक शोध बुद्धावतार जगतगुरु शंकराचार्य, भगवान बुद्ध, आचार्य सयाजी उबाखिन, आचार्य एस .एन . गोयनका जी, मंगला बाबा की कृपा से ध्यान में आता है।

पाटलिपुत्र विपश्यना केंद्र पटना बिहार के प्रति विशेष समर्पण, जहां हम नियमित रूप से विपश्यना ध्यान करने के लिए जुड़े हुए हैं।

राष्ट्रीय स्वयंसेवक संघ की पटना टीम को विशेष समर्पण, विशेष रूप से श्री गोपाल जी, श्री जितेन्द्र जी, श्री नवीन जी, शुभम जी,हमारी प्रिय कृष्ण भक्त माता श्रीमती द्रौपदी देवी को विशेष समर्पण, जिनके मार्गदर्शन से मैं विपश्यना केंद्र, उपनयन संस्कार, आरएसएस में आया हूँ।

प्रशिक्षण, बोलबम तीर्थ, और हरे कृष्ण हरे कृष्ण कृष्ण कृष्ण हरे हरे, हरे राम हरे राम राम राम हरे हरे का जाप विभिन्न आयु में।

अनुक्रमणिका

सामाजिक स्वास्थ्य का मूल तत्व

विश्व और विश्व का प्रत्येक तत्व 9 तत्वों का निर्माण और संयोजन है, पृथ्वी, जल, प्रकाश, वायु, आकाश, समय, स्थान, मन और आत्मा।

प्रत्येक प्राणी के जीवन का एक ही उद्देश्य है 24x7x365x विभिन्न वर्षों तक मंगल मैत्री में रहना।

भारतीय सामाजिक स्वास्थ्य अर्जित मगल मैत्री के आधार पर निम्नलिखित सार्वभौमिक पदनाम पर निर्भर करता है।

जन्म से केवल तीन जातियाँ होती हैं जो निम्न हैं।

1. पुरुष
2. महिला
3. ट्रांस-जेंडर

विवरण-

जाति काम पर निर्भर है।

शुरू में लोग जंगल में रहते थे, सुरक्षा के लिए लोग एक साथ रहने लगे। जंगल वह जगह है जहाँ हमें जीवन के लिए ज़रूरी हर चीज़ मिल सकती है, यानी खाना, पानी, लकड़ी आदि। इसके अलावा जब लोग एक साथ रहने लगे तो

उन्होंने जंगल को साफ करके सुरक्षा की, इससे हमें भोजन और अन्य चीजें कम मिलती हैं। साथ ही लोगों ने भोजन के विकल्प खोजने शुरू कर दिए।

अधिकतर लोगों ने मवेशी और बैल रखना शुरू कर दिया, कुछ लोगों ने खेती करना शुरू कर दिया। ताड़, खजूर, महुआ आदि पेड़ों से भोजन प्राप्त होता है। आगे चलकर लोगों ने खेती शुरू की, जहाँ जंगल से सुरक्षा मिली।

आगे विकास हुआ और सुरक्षा के लिए विभिन्न कार्य शुरू किए गए। सेना या समूह का नेतृत्व करने वाले व्यक्ति को पहले राजा कहा जाता था, अब उन्हें नेता कहा जाता है।

इस दुनिया में हर व्यक्ति की कोई जाति नहीं होती। यह उनके द्वारा परिभाषित कार्य पर निर्भर करता है। एक समय था जब सभी लोग आदिवासी थे, आगे के विकास ने आदिवासी समाज को जन्म दिया। यादव, कुर्मी, किशन, पासी, मछुआरा, आदि। आगे विकास राजाओं, डोम, चमार, वैद्य, संत, कहार पंडित, लोहार, आदि को विभाजित करता है। आगे नेता, इंजीनियर, डॉक्टर, वकील, एकाउंटेंट, शिक्षक, पैगम्बर का पालन करने वाले लोग मुसलमान कहलाने वाले लोग, यीशु का अनुसरण करने वाले लोग ईसाई कहलाने वाले लोग, भगवान बुद्ध का अनुसरण करने

वाले लोग बौद्ध कहलाने वाले लोग आदि। हम सभी मानव हैं।

हमें प्रकृति के नियम के धर्म का पालन करना होगा। और हमें अपनी ज़िंदगी को सुरक्षित रखने के लिए मिलकर काम करना होगा, जैसा कि चल रही परिस्थिति के हिसाब से ज़रूरी है। साथ मिलकर काम करने के लिए मंगल मैत्री अर्थात मन में अत्यधिक सकारात्मकता की आवश्यकता होती है। मंगल मैत्री समाज की प्रमुख आवश्यकता है, जैसे कि अलग-अलग लोग एक साथ काम कर सकें। लेकिन वर्तमान समय में यह गायब है, हमारे पास मौज-मस्ती के लिए छुट्टी है, जबकि साधना के लिए इसकी आवश्यकता है।

समाज के वर्तमान विकास में सार्वजनिक मैत्री का होना आवश्यक है। साधना करने के लिए अवकाश, आनंद लेने के लिए दिन खराब करने के लिए नहीं। मंगल मैत्री स्थिति को नष्ट करने के लिए आनंद लेना। इसलिए देश के लिए बेहतर अवकाश साधना पर आधारित होना चाहिए।

अब सवाल उठता है कि हम साधना कब कर सकते हैं। सही समय दो ऋतुओं का मिलन होता है। विभिन्न वायरस और बीमारियों का प्रभाव पैदा करना। इसलिए बेहतर

स्वास्थ्य और समृद्धि के लिए दुनिया में निम्नलिखित अवकाश आयोजित किए जाने चाहिए-

4 नवरात्रि साधना (अमावस्या से दशमी तक)-40 दिन

अमावस्या साधना-12 दिन (एक दिन जब जल प्रतिशत 72% से कम हो जाता है, इसे ठीक करने के लिए जल साधना की आवश्यकता होती है।)

पूर्णिमा साधना-12 दिन (एक ऐसा दिन जब जल प्रतिशत 72% से बढ़ जाता है, तब भी मानव शरीर में ऊर्जा बढ़ाने के लिए जल की साधना की आवश्यकता होती है।)

होली और होलिका साधना-2 दिन

दिवाली और लक्ष्मी साधना-2 दिन

मकर संक्रांति और साधना-2 दिन

छठ ब्रत सूर्योपासना-3 दिन

कुल 73 दिन की साधना।

जीवन के चरण -

महर्षि - जो ऋषि मंगल मैत्री के उच्च स्तर पर पहुँच जाते हैं, उन्हें महर्षि कहा जाता है। जैसे शंकराचार्य, भगवान बुद्ध आदि।

ऋषि- ऋषि वैदिक ऋचाओं के रचयिता होते हैं, जो सैकड़ों तपस्याओं और ध्यान के कारण संभव होता है।

मुनि - जो साधना करके और मौन रहकर ज्ञान प्राप्त करता है। जैसे जैन मुनि।

साधु - वह व्यक्ति जो साधना करके और मौन रहकर ज्ञान प्राप्त करता है। जो आध्यात्मिक साधना करता है, उसे साधु कहते हैं।

संत - शांतिप्रिय लोग शांति का अभ्यास करते हैं। सत्य का अभ्यास करते हैं। जैसे संत रविदास, कबीरदास, तुलसीदास।

अज्ञानी - जो लोग अज्ञानता और तीव्र चंचलता के कारण समझ से परे हैं। आज इन गुणों वाले लोग बहुतायत में पाए जाते हैं। शूद्र - जो चुपचाप सेवा करता है। मुक्तिगुण का पालन करने पर मुक्ति निश्चित है, अन्यथा चंचलता के कारण अगला जन्म वैश्य, क्षत्रिय या ब्राह्मण/दीवान के रूप में होता है। गुरु की कोई आवश्यकता नहीं है, शूद्र का गुरु ही वास्तविक स्वभाव है।

वैश्य - जो शांति से व्यापार करता है। मुक्ति निश्चित है, यदि वे जन्म के अनुशासन का पालन कर रहे हैं, अन्यथा चंचलता का विकास, अगला जन्म शूद्र, क्षत्रिय या ब्राह्मण/दीवान के रूप में होता है। चंचलता के कारण वैदिक

शिक्षक की आवश्यकता होती है।

क्षत्रिय - चंचलता को धारण करने वाला रक्षक। यदि गुण का पालन किया जाए तो जन्म मुक्ति निश्चित है, लेकिन अत्यधिक चंचलता के कारण वैदिक गुरु की हमेशा आवश्यकता होती है। जन्म के गुण में अंतर के कारण अगला जन्म ब्राह्मण, वैश्य, शूद्र या दीवान के रूप में होना चाहिए।

ब्राह्मण - ज्ञान, तप और ध्यान का भण्डार, चंचलता से भरा हुआ। और अंत में सेवा में लग जाना। मुक्ति निश्चित है। यदि वे जन्म के गुण का पालन करते हैं, अन्यथा अगला जन्म ब्राह्मण, दीवान या शूद्र के रूप में होता है। अत्यधिक चंचलता के कारण ब्राह्मण को निरंतर वैदिक गुरु की आवश्यकता होती है।

दीवाना - चंचलता और अज्ञानता से भरे लोग अपने काम में ही उलझे रहते हैं। एकाग्रता की कमी, अनियंत्रित भटकना और सोचना ही उनका काम है। भटकता हुआ जीवन, अगला जन्म ब्राह्मण या क्षत्रिय या मोक्ष की प्राप्ति। अत्यधिक चंचलता और अज्ञानता के प्रभाव को कम करने के लिए वैदिक गुरु की निरंतर आवश्यकता।

अविद्यागामी - जब समाज के प्रभाव और जन्म की अज्ञानता के कारण जन्म की स्वाभाविक गुणवत्ता बदल जाती

है, तब मनुष्य अविद्यागामी बन जाता है। वैदिक गुरु की निरंतर आवश्यकता। अगला जन्म वैश्य क्षत्रिय या ब्राह्मण या दीवाना निश्चित है।

शांत प्राणियों के लिए गुरु की कोई आवश्यकता नहीं है। प्रकृति ही उनकी गुरु है। बेचैनी को शांति में लाने के लिए वैदिक गुरु की आवश्यकता है। वैदिक तरीके से व्यापार करने के लिए अठारह वर्ष तक वैदिक व्यावसायिक शिक्षा निश्चित है। समाज के निर्माण और सुरक्षा के लिए चंचलता आवश्यक है, और तत्पर प्रेम के लिए शांति आवश्यक है।

महर्षि और ऋषि वैदिक रहस्यों के तप से ज्ञानी होते हैं, तथा मुनि के लिए शांति और ध्यान आवश्यक है। तथा ध्यान से संत और शांति से संत बनना सभी के लिए संभव है। अज्ञान मनुष्य की जन्म से ही प्रवृत्ति है, इसके लिए कुछ करने की आवश्यकता नहीं है।

आयुर्वेदिक सनातन हिन्दू भारत में अलिखित संविधान के अनुसार राष्ट्रपति के लिए केवल महर्षि ही पात्र हैं तथा राज्यपाल के लिए ऋषि, मुनि और साधु तथा प्रधानमंत्री, मंत्री और मुख्यमंत्री के लिए साधु और संत ही पात्र हैं। सभी विद्वानों को मुनि का स्वरूप बनने का प्रयास करना चाहिए।

जो व्यक्ति अज्ञान में है, उसके लिए बाकी सब उपयुक्त है।

जन्म पूर्वजन्म में इच्छाशक्ति के विकास का कारण है। यदि कारण समाप्त हो जाएगा तो जन्म चक्र समाप्त हो जाएगा। संसार में कुछ भी स्थायी नहीं है, सब कुछ नष्ट होना ही है।

ज्योतिष के आधार पर जातकर्म प्रत्येक प्राणी के लिए आवश्यक है, जबकि उपनयन संस्कार शुद्ध शूद्र (हमेशा शांति में रहने वाला व्यक्ति) के लिए आवश्यक नहीं है, यहां तक कि शूद्र को भी जीवन को गहराई से समझने के लिए उपनयन और वैदिक शिक्षा के साथ ध्यान की आवश्यकता होती है, ताकि वह शांति की अवस्था तक पहुंच सके, क्योंकि शूद्र सामाजिक असामंजस्य के कारण अविद्यागामी बन जाता है।

विवाह एक ऐसी प्रणाली है जो शांतिपूर्ण, उच्च मनोबल, स्थिर संयुक्त परिवार बनाने में मदद करती है, ताकि व्यवसाय, सुरक्षा और शांतिपूर्वक जीवनयापन किया जा सके।

इच्छा के आधार पर अंत्येष्टि करना आवश्यक है, लेकिन अग्नि में शव को भस्म करना सामान्य होना चाहिए, जबकि जल समाधि, पृथ्वी समाधि मानसिक स्वास्थ्य, सामाजिक और व्यक्तिगत और विशेष आवश्यकताओं की स्थिति पर निर्भर करती है।

व्यक्ति के साथ लगाव को नष्ट करने के लिए अग्नि समाधि करना आवश्यक है। मुख्य रूप से पारिवारिक लोगों को अग्नि समाधि का पालन करना चाहिए। जीवन में सोलह संस्कार प्रमुख हैं।

प्राचीन ऋषि और उनकी महिमा

कर्नल जेम्स टॉड (ब्रिटिश ईस्ट इंडिया कंपनी) ने भारत के बारे में कहा ? "हम ऐसे ऋषियों को और कहाँ पा सकते हैं, जिनके दर्शन की प्रणालियाँ प्लेटो, थेल्स और पाइथागोरस के शिष्यों के समान थीं ?

मुझे ऐसे खगोलशास्त्री कहाँ मिलेंगे, जिनका ग्रह प्रणालियों का ज्ञान अभी भी यूरोप में आश्चर्य को उत्तेजित करता है, साथ ही ऐसे वास्तुकार और मूर्तिकार, जिनके काम हमारी प्रशंसा का पात्र हैं, और ऐसे संगीतकार जो मन को खुशी से दुःख में, आँसू से मुस्कान में बदलते हुए स्वर और विविध स्वरों के साथ बदल सकते हैं ?"

भारतीय संस्कृति भारत के प्राचीन ऋषियों द्वारा सदियों से विकसित हुई है, जिन्होंने इसकी पवित्र नदियों के तट पर वैदिक साहित्य की खोज की थी - जो भारतीय सभ्यता की नींव है। 'ऋषि' शब्द मूल रूप से वैदिक भजनों के रचनाकारों और गायकों को दर्शाता था। हालाँकि, ऋषि एक 'ऋषि' भी है, जिसे देवताओं ने वेदों (सृष्टिकर्ता, उसकी रचना और इसे संरक्षित करने के साधनों के बारे में शाश्वत सत्य का ज्ञान) का ज्ञान दिया।

भारत के 2 सबसे लोकप्रिय ऋषि हैं:

वाल्मीकि-

महाकाव्य रामायण के प्रसिद्ध कवि-लेखक। उनका एक आश्रम वर्तमान बिहार राज्य में नेपाल सीमा के पास बाघा में था, जहाँ सीता से लव और कुश का जन्म हुआ था।

व्यास-

महर्षि वेद व्यास हिंदू देवताओं में सबसे महत्वपूर्ण ऋषि हैं, क्योंकि उन्होंने वेद और कई पुराणों का आयोजन किया था। वे हिंदू महाकाव्य महाभारत के लेखक भी हैं। उनका एक आश्रम वर्तमान बिहार राज्य के जोगबनी में था।

कुछ अन्य महान ऋषि (ऋषि)भारत के सबसे प्रसिद्ध ऋषि हैं:

कश्यप-

वे प्राचीन सप्त-ऋषियों में से एक थे। सप्त-ऋषि दो संस्कृत शब्द हैं, जिनका अर्थ है "सात ऋषि"। वे ब्रह्मर्षि मरीचि के पुत्र थे, जो भगवान ब्रह्मा के मानस-पुत्र थे (ब्रह्मा के मन से पैदा हुए, इसलिए उन्हें ब्रह्मर्षि कहा जाता है)। ऋषियों के अन्य मुख्य वर्ग देवऋषि (जैसे नारद) और राजर्षि (राजा जो अपने ज्ञान और तपस्या के माध्यम से ऋषि बन गए जैसे जनक) हैं। कपिल देवों, असुरों और सभी मानव जाति के

पिता हैं।

वशिष्ठ-

वशिष्ठ के पास कामधेनु नामक दिव्य गाय थी। वशिष्ठ ऋग्वेद के कुछ हिस्सों के रचयिता हैं और वे हरिश्चंद्र, संवर्ण और गवान राम जैसे कई शानदार राजाओं के गुरु थे। अयोध्या में ाज भी एक वशिष्ठ-कुंड है।

मार्कंडेय-

प्राचीन ऋषि मार्कंडेय भगवान विष्णु और भगवान शिव ोनों के भक्त थे। मार्कंडेय हिंदू धर्म में चिरंजीवी - अमर लोगों ें से एक हैं। विभिन्न हिंदू शास्त्रों के आधार पर, यह निश्चित है के मार्कंडेय कई युगों तक जीवित रहे। वे मार्कंडेय पुराण और वी सप्तशती' या नासिक के पास शक्ति-पीठ में दिव्य देवी के ुणों का गुणगान करने वाले सात सौ भजनों जैसे महत्वपूर्ण हिंदू स्त्रों के रचयिता हैं।

कपिल ऋषि-

कपिल का जन्म प्रख्यात ऋषि कर्दम और देवहुति के घर आ था। उन्होंने गुजरात के सिद्धपुर में दुनिया को सांख्य चारधारा का उपहार दिया। उनके अग्रणी कार्य ने परम आत्मा ुरुष) और आदिम पदार्थ (प्रकृति) की प्रकृति और सिद्धांतों

पर प्रकाश डाला। पुरुष की प्रेरणा से प्रकृति, ब्रह्मांडीय सृजन और सभी ऊर्जाओं की जननी है।

भारद्वाज-

भारद्वाज ऋषि अंगिरा (वैदिक ऋषि जिन्होंने अथर्ववेद का अधिकांश भाग लिखा) के वंशज थे। महाकाव्य रामायण में, भगवान राम, सीता और लक्ष्मण के साथ वर्तमान उत्तर प्रदेश के पवित्र शहर प्रयागराज में ऋषि भारद्वाज से उनके आश्रम में मिले थे। आचार्य भारद्वाज ने "यंत्र सर्वस्व" की रचना की, जिसमें विमानन विज्ञान, अंतरिक्ष विज्ञान और उड़ने वाले मशीनों में आश्चर्यजनक और उत्कृष्ट खोजें शामिल हैं। उन्होंने उड़ने वाले मशीनों की तीन श्रेणियों का वर्णन किया है।

(1) वह जो पृथ्वी पर एक स्थान से दूसरे स्थान पर उड़ती है।

(2) वह जो एक ग्रह से दूसरे ग्रह की यात्रा करती है।

(3) वह जो एक ब्रह्मांड से दूसरे ब्रह्मांड की यात्रा करती है।

सुश्रुत ऋषि-

विश्वामित्र के घर जन्मे सुश्रुत शल्य चिकित्सा के जनक

हैं। सुश्रुत एक श्रुत-ऋषि थे यानी शास्त्र के लेखक। "सुश्रुत संहिता" पुस्तक के लेखक, जिसमें उन्होंने 300 से अधिक शल्य चिकित्सा प्रक्रियाओं और 125 शल्य चिकित्सा उपकरणों का वर्णन अनगिनत साल पहले, उन्होंने और उनके समय के वैज्ञानिकों ने सिजेरियन, मोतियाबिंद, कृत्रिम अंग, राइनोप्लास्टी (क्षतिग्रस्त नाक की बहाली), 12 प्रकार के फ्रैक्चर, 6 प्रकार के डिस्लोकेशन, मूत्र पथरी और यहां तक कि प्लास्टिक सर्जरी और मस्तिष्क सर्जरी जैसी जटिल सर्जरी की थी। प्राचीन भारत में एनेस्थीसिया का उपयोग अच्छी तरह से जाना जाता था। उन्होंने कई सिलाई विधियों का भी वर्णन किया है; घोड़े के बालों को धागे के रूप में और छाल के रेशों का उपयोग।

जैमिनी-

एक प्राचीन ऋषि, मीमांसा स्कूल के एक महान दार्शनिक। वे वेद व्यास के शिष्य थे। जैमिनी को कर्म-कांड (अनुष्ठान) से संबंधित कांड-ऋषि भी कहा जाता है।

कणाद-

परमाणु सिद्धांत के संस्थापक। भारत के छह प्रमुख दर्शनों में से एक - "वैशेषिक दर्शन" के संस्थापक के रूप में - आचार्य कणाद दर्शनशास्त्र में एक प्रतिभाशाली व्यक्ति थे। माना जाता है

कि उनका जन्म बिहार के मिथिला में हुआ था। वे यथार्थवाद, कार्य-कारण के नियम और परमाणु सिद्धांत के अग्रणी व्याख्याता थे। उन्होंने सृष्टि की सभी वस्तुओं को नौ तत्वों में वर्गीकृत किया है, अर्थात्: पृथ्वी, जल, प्रकाश, वायु, आकाश, समय, स्थान, मन और आत्मा।

वे कहते हैं, "सृष्टि की प्रत्येक वस्तु परमाणुओं से बनी है जो एक दूसरे से जुड़कर अणु बनाते हैं।" उनके कथन ने जॉन डाल्टन से लगभग हज़ारों साल पहले दुनिया में पहली बार परमाणु सिद्धांत की शुरुआत की। कणाद ने परमाणुओं के आयाम और गति और एक दूसरे के साथ उनकी रासायनिक प्रतिक्रियाओं का भी वर्णन किया है। प्रख्यात इतिहासकार, टी.एन. कोलब्रुक ने कहा है, "यूरोप के वैज्ञानिकों की तुलना में, कणाद और अन्य भारतीय वैज्ञानिक इस क्षेत्र के वैश्विक स्वामी थे।"

पाणिनि-

पाणिनि को उनके संस्कृत व्याकरण के लिए जाना जाता है, विशेष रूप से संस्कृत वाक्यविन्यास और व्याकरण के 3,959 नियमों के निर्माण के लिए जिन्हें अष्टाध्यायी ("आठ अध्याय") के रूप में जाना जाता है, जो वैदिक धर्म के

सहायक विद्वानों के विषयों, वेदांग की व्याकरणिक शाखा का आधारभूत ग्रंथ है।

नागार्जुन-

मध्य प्रदेश के बालुका गांव में जन्मे, उनके समर्पित शोध ने रसायन विज्ञान और धातु विज्ञान के संकायों में "रस रत्नाकर", "राश्रुदय" और "रसेंद्रमंगल" जैसी पहली खोज और आविष्कार किए। "आरोग्यमंजरी" और "योगसार" जैसी चिकित्सा पुस्तकों के लेखक के रूप में, उन्होंने उपचारात्मक चिकित्सा के क्षेत्र में भी महत्वपूर्ण योगदान दिया। उन्हें नालंदा के प्रसिद्ध विश्वविद्यालय का कुलपति नियुक्त किया गया था।

आर्यभट्ट-

एक महान खगोलशास्त्री और गणितज्ञ थे, जिनका जन्म कुसुमपुर (बिहार) में हुआ था। उन्होंने खगोल विज्ञान पर एक ग्रंथ और गणित पर एक अद्वितीय ग्रंथ "आर्यभट्ट" लिखा।

तियाम" उन्होंने ग्रहों की गति और ग्रहण के समय की गणना करने की प्रक्रिया तैयार की। आर्यभट्ट ने सबसे पहले घोषणा की कि पृथ्वी गोल है, यह अपनी धुरी पर घूमती है, सूर्य की परिक्रमा करती है और अंतरिक्ष में लटकी हुई है – कोपरनिकस द्वारा अपना सूर्यकेंद्रित सिद्धांत प्रकाशित करने से हज़ारों साल पहले।

उन्हें चार दशमलव स्थानों तक p (पाई) की गणना करने के लिए भी जाना जाता है: 3.1416 और त्रिकोणमिति में साइन टेबल। सदियों बाद, 825 ई. में, अरब गणितज्ञ, मोहम्मद इब्न मूसा ने पाई के मूल्य का श्रेय भारतीयों को दिया, "यह मूल्य हिंदुओं द्वारा दिया गया है।" और सबसे बढ़कर, उनका सबसे शानदार योगदान शून्य की अवधारणा थी, जिसके बिना आधुनिक कंप्यूटर तकनीक अस्तित्व में नहीं होती।

पतंजलि-

योग के जनक कहे जाने वाले, दुनिया को भारत के कई अनूठे योगदानों में से एक। योग का विज्ञान योगिक अभ्यासों के माध्यम से परम वास्तविकता की खोज और उसे महसूस करने का प्रयास करता है। आचार्य पतंजलि उत्तर प्रदेश के गोंडा (गनाड़ा) जिले के निवासी थे। योग के आठ अंग हैं, जहाँ आचार्य पतंजलि यम, नियम, आसन, प्राणायाम, प्रत्याहार, ध्यान, धारणा और समाधि के माध्यम से समाधि में ईश्वर के परम आनंद की प्राप्ति को दर्शाते हैं। योगिक आसन श्वसन, संचार, तंत्रिका, पाचन और अंतःस्रावी तंत्र और शरीर के कई अन्य अंगों की कार्यक्षमता को प्रभावी ढंग से बढ़ाते हैं। उन्होंने शरीर, मन और आत्मा को नियंत्रित करने के

साधन के रूप में प्राण (जीवन श्वास) के नियंत्रण का सुझाव दिया। यह बाद में व्यक्ति को अच्छे स्वास्थ्य और आंतरिक खुशी से पुरस्कृत करता है।

भास्कराचार्य-

भास्कराचार्य ने खगोलशास्त्री स्मार्ट से सैकड़ों साल पहले पृथ्वी द्वारा सूर्य की परिक्रमा करने में लगने वाले समय की गणना की थी; पृथ्वी द्वारा सूर्य की परिक्रमा करने में लगने वाला समय: 365.258756484 दिन। महाराष्ट्र के विज्जादित (जलगांव) नामक एक अज्ञात गांव में जन्मे भास्कराचार्य की गणितीय कृतियाँ "लीलावती" और "बीजागणित" बेमिसाल मानी जाती हैं। अपने ग्रंथ "सिद्धांत शिरोमणि" में उन्होंने ग्रहों की स्थिति, ग्रहण, ब्रह्मांड विज्ञान, गणितीय तकनीक और खगोलीय उपकरणों के बारे में लिखा है। "सूर्य सिद्धांत" में उन्होंने गुरुत्वाकर्षण बल पर एक टिप्पणी की है: "पृथ्वी के आकर्षण बल के कारण वस्तुएँ पृथ्वी पर गिरती हैं। इसलिए, पृथ्वी, ग्रह, नक्षत्र, चंद्रमा और सूर्य इस आकर्षण के कारण कक्षा में बने रहते हैं।" सर आइज़ैक न्यूटन से सैकड़ों साल पहले भास्कराचार्य गुरुत्वाकर्षण की खोज करने वाले पहले व्यक्ति थे।

चाणक्य-

चाणक्य या विष्णुगुप्त या कौटिल्य (उनका गोत्र) पहले मौर्य सम्राट चंद्रगुप्त के शिक्षक थे - पुरातत्व के अनुसार दर्ज इतिहास में पूरे भारतीय उपमहाद्वीप पर शासन करने वाले पहले सम्राट। उन्होंने अर्थशास्त्र नामक प्राचीन भारतीय राजनीतिक ग्रंथ की रचना की। चाणक्य को अर्थशास्त्र और राजनीति विज्ञान के क्षेत्र का अग्रणी माना जाता है और उनके काम को शास्त्रीय अर्थशास्त्र का एक महत्वपूर्ण अग्रदूत माना जाता है। चाणक्य के काम मैकियावेली के काम से हज़ारों साल पहले के हैं। चाणक्य शिक्षा के एक प्राचीन केंद्र तक्षशिला में शिक्षक थे।

वात्स्यायन-

एक हिंदू दार्शनिक जिन्हें कामसूत्र का लेखक माना जाता है। दूसरे अध्याय में, वात्स्यायन ने 64 काम-कलाओं या प्रेम करने के तरीकों का वर्णन किया है। ये 64 स्थितियाँ नहीं हैं, बल्कि प्रेम करने के विभिन्न तरीकों की श्रेणियाँ हैं, जैसे 'आलिंगन, चुंबन, खरोंचना, काटना, स्थितियाँ, कराहना, महिला द्वारा पुरुष की भूमिका निभाना और मुख मैथुन।' चूँकि सेक्स के इन तरीकों में से प्रत्येक में आठ अलग-अलग विशेष अभिव्यक्तियाँ होती हैं, इसलिए चौसठ तरीके हैं

जिनसे एक पुरुष या महिला को अपने व्यापक अर्थों में सेक्स करते हुए कहा जा सकता है। लेकिन काम-कलाएं सिर्फ़ सफल संभोग के साधन नहीं हैं, वे एक शिक्षित व्यक्ति के निर्माण के मूल में भी हैं।

चरक-

आचार्य चरक को चिकित्सा के पिता के रूप में ताज पहनाया गया है। उनके प्रसिद्ध कार्य, "चरक संहिता" को आयुर्वेद का विश्वकोश माना जाता है। आचार्य चरक ने अपनी जन्मजात प्रतिभा और जिज्ञासाओं के माध्यम से मानव शरीर रचना, भ्रूण विज्ञान, औषध विज्ञान, रक्त परिसंचरण और मधुमेह, तपेदिक, हृदय रोग आदि जैसे रोगों के बारे में तथ्यों को उजागर किया। "चरक संहिता" में उन्होंने 100,000 हर्बल पौधों के औषधीय गुणों और कार्यों का वर्णन किया है। उन्होंने मन और शरीर पर आहार और गतिविधि के प्रभाव पर जोर दिया है। उन्होंने साबित किया है कि आध्यात्मिकता और शारीरिक स्वास्थ्य के बीच संबंध ने निदान और उपचारात्मक विज्ञान में बहुत योगदान दिया है। उन्होंने हिप्पोक्रेटिक शपथ से दो शताब्दियों पहले चिकित्सकों के लिए एक नैतिक चार्टर भी निर्धारित किया था।

वराहमिहिर-

वराहमिहिर की पुस्तक "पंच सिद्धांत" में उल्लेख किया गया है कि चंद्रमा और ग्रह अपने स्वयं के प्रकाश के कारण नहीं बल्कि सूर्य के प्रकाश के कारण चमकदार हैं। 'बृहत् संहिता' और 'बृहद् जातक' में उन्होंने भूगोल, नक्षत्र, विज्ञान, वनस्पति विज्ञान और पशु विज्ञान के क्षेत्र में अपनी खोजों का खुलासा किया है। वनस्पति विज्ञान पर अपने ग्रंथ में, वराहमिहिर ने पौधों और पेड़ों को प्रभावित करने वाली विभिन्न बीमारियों के इलाज प्रस्तुत किए हैं।

कुछ अन्य ऋषि थे:

अगस्त्य- (एक महान विद्वान)। उनका एक आश्रम तेलंगाना के पर्णशाला में था।

अस्तिक- (मनसा और जरत्कारु के पुत्र, सत्ताईसवें द्वापर के व्यास) अत्रि (ब्रह्मा के पुत्र - एक सप्त ऋषि)। उनका आश्रम चित्रकूट के पास था।

भृगु- (सप्तर्षियों में से एक और प्रजापतियों में से एक (और मानस पुत्र - एक दिमाग की उपज) जिन्हें ब्रह्मा ने सृष्टि के सूत्रधार के रूप में बनाया था)

गौतम- जिनका आश्रम नासिक के पास गोदावरी नदी के तट पर और बिहार राज्य के भागलपुर के पास अहिल्या-

स्थान में था।

कौस्तुकि- (मार्कंडेय के शिष्य) कृपाचार्य (महाभारत में एक महत्वपूर्ण पात्र; चिरंजीवी ("अमर") में से एक।

मतंग- जिनका आश्रम आंध्र प्रदेश में श्रीशैलम और कर्नाटक में हम्पी के पास था।

मरीचि- (ब्रह्मा के पुत्र और सप्तर्षियों में से एक) नारद, वैष्णव परंपरा में एक दिव्य ऋषि (ब्रह्मा के पुत्र) पराशर (एक ऋग्वेदिक महर्षि और कई प्राचीन भारतीय ग्रंथों के लेखक। वे वशिष्ठ के पोते थे और ऋग्वेद में कुछ छंदों के लेखक थे)

प्रह्लाद- (महाजन - यानी, एक "महान" भक्त", पौराणिक वैष्णव परंपराओं में)।

पुलस्त्य- (दस प्रजापतियों में से एक – ब्रह्मा के पुत्र और सप्तर्षियों में से एक। वह आध्यात्मिक कंपन थे जिनकी शक्ति से पुराणों के कुछ ग्रंथ लिखे गए थे)

शुक्र- (भृगु के पुत्र) वैशम्पायन (कृष्ण यजुर्वेद के मूल शिक्षक) याज्ञवल्क्य (एक पौराणिक प्राचीन ऋषि, वैशम्पायन के शिष्य) कई उल्लेखनीय महिला ऋषिकाएँ हैं जिन्होंने वैदिक शास्त्रों की रचना में योगदान दिया।

ऋग्वेद में रोमशा, लोपामुद्रा, अपाला, कद्रू, विश्ववारा, घोषा,

जुहू, वागम्भरीनी, पौलोमी, यमी, इंद्राणी, सावित्री और देवजामी का उल्लेख है।

सामवेद में नोधा, आकृतभाष, सिकतानिवावरी और गौपायन को जोड़ा गया है। दुनिया को भारत के अन्य योगदान।

मानवता को भारत का सबसे बड़ा उपहार - गणितीय नवाचारों में शून्य, दशमलव संख्या और पासा का उपयोग शामिल है।

बुधायन ने 6वीं शताब्दी में यूरोपीय गणितज्ञों से बहुत पहले पाइथागोरस प्रमेय के रूप में जानी जाने वाली अवधारणा को समझाया था।

बीजगणित, त्रिकोणमिति और कलन भारत से आए थे; द्विघात समीकरण 11वीं शताब्दी ई. में श्रीधराचार्य द्वारा बनाए गए थे; यूनानियों और रोमनों द्वारा इस्तेमाल की जाने वाली सबसे बड़ी संख्याएँ (10 की घात 6) थीं, जबकि हिंदुओं ने 5000 ईसा पूर्व वैदिक काल के दौरान विशिष्ट नामों के साथ (10 की घात 53) जितनी बड़ी संख्याओं का इस्तेमाल किया। आज भी, सबसे बड़ी इस्तेमाल की जाने वाली संख्या टेरा 1012 (10 की घात 12) है।

1,500 ईसा पूर्व तक, भारतीयों ने वर्ग, वृत्त, आयत, कोण, त्रिभुज, भिन्न, बीजगणितीय सूत्र और खगोल विज्ञान और तत्वमीमांसा जैसी आकृतियों का इस्तेमाल किया।

नौवहन की कला का जन्म हजारों साल पहले हुआ था। नौवहन शब्द संस्कृत के शब्द नवगति से लिया गया है।

नौसेना शब्द भी संस्कृत के 'नौ' से लिया गया है। सिंचाई के लिए सबसे पहला जलाशय और बांध सौराष्ट्र में बनाया गया था। 150 ईसा पूर्व के शक राजा रुद्रदामन प्रथम के अनुसार चंद्रगुप्त मौर्य के समय में रैवतक की पहाड़ियों पर 'सुदर्शन' नामक एक सुंदर झील का निर्माण किया गया था। भारत में उत्पन्न - फार्माकोलॉजी, मस्तिष्क शल्य चिकित्सा, चिकित्सा, कृत्रिम रंग और ग्लेज़, धातु विज्ञान, पुनः क्रिस्टलीकरण, रसायन विज्ञान, कपड़ा उत्पादन, हाइड्रोलिक इंजीनियरिंग, पानी से चलने वाले उपकरण, आदि।

सीवी रमन (रमन प्रभाव के लिए 1930 का नोबेल पुरस्कार) और प्रोफेसर जेसी बोस द्वारा 1895 में माइक्रोवेव की खोज जैसी कई सफलता की कहानियाँ हैं। यूएसए स्थित IEEE ने बताया कि वायरलेस संचार के अग्रदूत बोस थे न कि मार्कोनी।

मंगल मैत्री की अवधारणाएँ

देखने में तीन भाव होते हैं, एक है। द्रष्टा भाव, भोक्ता भाव और सुषुप्ति/जागृति/केवला भाव या दर्शन।

भोगता भाव - द्रष्टा भाव - केवला दर्शन

1. भोगता भाव क्रोधित और परेशान हो जाएगा।

इस अवस्था में ज्ञानियों के साथ संगति, कृतज्ञता, निस्वार्थ सेवा, चिंतन, ध्यान और खुद को बहुत गंभीरता से न लेना, हमारा साथ देते हैं

2. द्रष्टा भाव इसका साक्षी होना और नुकसान या निराशा की किसी भी संबंधित भावना को देखना और फिर यह तय करना कि इसे फिर से लिखना है या नहीं।

इस अवस्था में, पिछले अभ्यासों के अलावा, जागरूकता की निरंतरता, अपनी परछाइयों को उजागर करना, अपनी मान्यताओं की खोज करना, अपनी सबसे प्रिय मान्यताओं पर सवाल उठाना, प्रामाणिक संबंध और स्थिर, लगातार आत्म-जांच सबसे अधिक सहायक होते हैं।

3. केवला दर्शन इसमें पूर्णता को देखना और भरोसा करना होगा कि अगली बार जब इसे लिखा जाएगा, तो यह और भी बेहतर निकलेगा।

इस अवस्था में, हर अनुभव खुद को सहारा देता है, पूरा करता है और खुद को पूरा करता है। सभी अव्यक्त प्रतिभाओं और क्षमताओं का पूर्ण विकास होता है क्योंकि कोई आंतरिक प्रतिरोध, अवरोध या संदेह नहीं होते हैं। यह जीवन अब व्यक्तिगत नहीं है, यह धन्य है और यह एक आशीर्वाद है।

गीता-

अर्जुन श्रीकृष्ण से पूछते हैं, "क्या आप मुझे उस व्यक्ति के गुण बता सकते हैं जो तीनों गुणों से परे हो गया है ? वह व्यक्ति कैसे कार्य करता है, व्यवहार करता है और रहता है ? मैं तीनों गुणों से परे जाने के लिए किस विधि का उपयोग कर सकता हूँ ?" इसके उत्तर में श्रीकृष्ण कहते हैं:

जब प्रकाश, क्रियाशीलता या मोह उपस्थित होते हैं तो वह उनसे घृणा नहीं करता है, न ही जब वे अनुपस्थित होते हैं तो वह उनकी लालसा करता है। (14:22)।

जब आप द्रष्टा की स्थिति, अपने स्वभाव के साक्षी होने में सक्षम होते हैं, तब आप न तो सत्व से आकर्षित होते हैं, न ही तम से विमुख होते हैं, न ही रजो से प्रभावित होते हैं। गुणों से परे होने के लिए मुख्य आवश्यकता द्रष्टा भाव को बनाए रखना है। पर्यवेक्षक बनने की क्षमता एक ऐसी चीज है जिसके लिए

आपको प्रयास करना चाहिए, और इसे ध्यान के माध्यम से प्राप्त किया जा सकता है।

यह एक ध्यान प्रक्रिया है जिसमें आपने अपने अहंकार और इच्छाओं को समर्पित कर दिया है, जिसमें मन में कोई उतार-चढ़ाव नहीं है और आप अपने व्यक्तिगत मन को उच्च मन के साथ एक करने में सक्षम हैं। भूमिकाओं को देखते हुए और अपने आप पर हर गुण के प्रभाव को पहचानते हुए, आप अपनी समता बनाए रखते हैं।

व्यावहारिक अर्थ-

जब पलक की स्थिति छतरी की तरह होती है और दृष्टि और मन नीचे होता है यानी अंदर की ओर होता है, तो यह स्वचालित रूप से नाक के प्रवेश बिंदु को देखता है जिसे द्रष्टा भाव कहा जाता है, और जब पलक की स्थिति छतरी के विपरीत होती है, तो दृष्टि और मन ऊपर या बगल में होता है यानी बाहर की ओर इस स्थिति में दृष्टि या एकाग्रता इधर-उधर चलती है जिसे भोक्ता भाव कहा जाता है।

जब कोई एकाग्रता नहीं होती है यानी संवेदना के बिना मन में एकाग्रता पहुँचती है तो उसे सुषुप्ति कहा जाता है, और जब एकाग्रता संवेदना के साथ मन तक पहुँचती है तो उसे

जागृति / केवला अवस्था कहा जाता है।

जब एकाग्रता संवेदना के साथ बाहर की ओर होती है तो नकारात्मक स्वप्न होता है, जब एकाग्रता संवेदना के साथ अंदर की ओर होती है तो प्रकृति का स्वप्न (सच्चा स्वप्न) होता है। बस अंदर की ओर देखें, यह पूरे शरीर को लाभ पहुंचाता है।

एक समय आ रहा है जब मनुष्य स्वयं छत्र की तरह बन जाता है जो स्वयं की मदद करता है, एक समय आ रहा है। जब मनुष्य स्वयं वृक्ष की तरह बन जाता है, वृक्ष कुछ लोगों को छाया देता है, वही गुण मानव शरीर पर विकसित हो रहा है। एक समय आ रहा है। जब मनुष्य स्वयं आकाश की तरह बन जाता है, जो सभी को लाभ पहुंचाता है। मंगल मैत्री एक ऐसी स्थिति है जब कोई व्यक्ति प्रकृति के लिए सकारात्मक सोचता है, जैसे आशीर्वाद देना और आसपास या कहीं भी हो रही किसी भी स्थिति को परेशान नहीं करना। मंगल मैत्री की स्थिति में जीवन में चार चरण आते हैं जो इस प्रकार हैं। छत्र की अवस्थाएँ। वृक्ष की अवस्थाएँ। आकाश की अवस्थाएँ। समय, स्थान, मन और आत्मा की अवस्थाएँ- मंगल मैत्री या सकारात्मकता का विकास एक ऐसी अवस्था है जो मानव शरीर में स्थितियों को स्वयं या द्रष्टा भाव में केंद्रित करती है, जो मानव शरीर में प्राकृतिक ऊर्जा पैदा करती

है जो जीवन में विभिन्न चरणों का कारण बनती है। आइए इस पर चर्चा करते हैं-

छाते की अवस्थाएँ-

प्रकृति एक अद्भुत वैज्ञानिक है जिसने मनुष्य को बनाया है। मन, आँख की स्थिति, नाक की स्थिति, नाभि, दोनों पैर, हम कैसे ठीक से चल सकते हैं, जब मन, दृष्टि और नाक एक रेखा (द्रष्टा भाव) में आ जाते हैं, तो हम इस स्थिति में बहुत अधिक ध्यान केंद्रित करते हैं, आँख छतरी की तरह नीचे आ जाती है और दृष्टि और मन अपने आप ही आने-जाने वाली श्वास पर केंद्रित हो जाते हैं और हम बिना किसी व्यवधान के एक रेखा में यात्रा कर रहे होते हैं।

यह मंगल मैत्री का प्रारंभिक चरण है। उपरोक्त स्थिति में मानव शरीर से सकारात्मकता निकलती है जो आसपास के वातावरण में सकारात्मकता पैदा करती है।

यह स्थिति स्वयं अंदर केंद्रित होती है जिससे अंदर ऊर्जा विकसित होती है जो दूसरों को सकारात्मकता पैदा करने में मदद करती है।

जब शरीर में यह स्थिति विकसित होती है, तो किसी भी स्थिति में नकारात्मकता दूर हो जाती है। स्थितियाँ कुछ

सेकंड से लेकर 24x7x365 तक विकसित हुईं और लोग छतरी की स्थिति में पहुँच गए जैसे लोग समाज में मुनि, संत और साधु की स्थिति में पहुँच गए।

वृक्ष की अवस्थाएँ-

जब कुछ वर्षों तक मंगल मैत्री के निरंतर विकास के कारण छत्र अवस्था आगे बढ़ती है, तो यह एक ऐसी अवस्था में पहुँच जाती है कि मानव शरीर हमेशा किसी भी स्थिति में सकारात्मकता में रहता है और आस-पास के जरूरतमंदों को फल प्रदान करता है, अर्थात जब मंगल मैत्री या सकारात्मकता बढ़ती है और 24x7x365xकुछ वर्षों तक जारी रहती है, तो दूसरों में मंगल मैत्री बढ़ाने के लिए होने वाले सीमित गठन को वृक्ष की अवस्थाएँ कहा जाता है।

वृक्ष का गुण बिना कुछ लिए विभिन्न लोगों को फलों के साथ छाया देता है। वृक्ष कभी भी छाया या फल देते समय किसी भी सेवा के लिए कोई कीमत नहीं मांगता है। मानव ने गुरुकुल शुरू किया और मुफ्त शिक्षा या कोई भी 16 संस्कार सेवाएं प्रदान करना इसके अंतर्गत आता है।

उदाहरण- ऋषि या विपश्यना केंद्र विभिन्न सहायक, शिक्षक द्वारा निःशुल्क चलाया जाता है, जो सुबह 4 बजे से रात 9 बजे

तक निःशुल्क रहने, मुफ्त भोजन और ध्यान प्रदान करता है। ऋषि भी यही कर रहे हैं। जो शुरू हुए वे पेड़ की तरह हैं।

आकाश के चरण-

छत्र का अगला चरण आकाश है। आकाश एक अनंत तल है जो पूरे विश्व के लिए एक ही तल है। एक बार जब मनुष्य आकाश की तरह विकसित हो जाता है और लोग अपने आस-पास सकारात्मकता पैदा करते हैं तो अन्य सकारात्मक व्यक्तित्व विभिन्न केंद्रों का निर्माण करते हैं और एक समय ऐसा आता है जब केंद्र दुनिया तक पहुँच जाता है। व्यक्तित्व को महर्षि कहा जाता है, जो कभी किसी स्थिति या परिस्थिति से प्रभावित नहीं होता है।

समय, स्थान, मन और आत्मा के चरण-

छत्र का अगला चरण वृक्ष है, आकाश है, समय है, फिर स्थान है, फिर मन है और अंतिम चरण आत्मा है। समय एक अनंत तल है जो पूरे विश्व के लिए एक ही तल है। एक बार जब मनुष्य समय की तरह विकसित हो जाता है, यानी साल-दर-साल द्रष्टा भाव की एक ही स्थिति में, अंदर की ओर देखता है, संवेदना के साथ अंदर की ओर ध्यान केंद्रित करता है, तो स्वचालित रूप से दुनिया की व्यवस्था परिधि में आ

जाती है, यह मंगल मैत्री को प्राणियों तक सीमित नहीं करता है, बल्कि यह प्रकृति के लिए है।

अंतरिक्ष में विकसित होने वाली मंगल मैत्री की निरंतरता का अर्थ है अलग-अलग तारे या ग्रह। आगे मंगल मैत्री मन में विकसित हो रही है औरआगे यह मंगल मैत्री हो रही हैआत्मा ब्रह्मांड की यात्रा की शुरुआत है। व्यक्तित्व को निर्माता कहा जाता है, जो कभी किसी स्थिति या परिस्थिति से प्रभावित नहीं होता। यह स्थिति आगे चलकर अमर हो जाती है और ब्रह्मांड का निर्माता बन जाती है।

मंगल मैत्री या सकारात्मकता को बढ़ाने की विधि, ताकि साधारण से अमर तक पहुंचा जा सके

मंगल मैत्री को 5 मिनट से बढ़ाकर 24 x 7 X 365 X विभिन्न वर्ष घंटे करने से साधक साधारण से श्रोत, अरिहंत से अमर स्थिति में पहुंच जाते हैं। मंगल मैत्री स्थिति (छाते की तरह होना) का विकास अस्वस्थता से मुक्ति दिलाता है।

मंगल मैत्री स्थिति (वृक्ष की तरह होना) का विकास अस्वस्थता से मुक्ति दिलाता है, आसपास के लोगों को फलों से अस्वस्थता से मुक्ति दिलाता है।

मंगल मैत्री अवस्था (आकाश के समान होना) का विकास करना है, जिससे स्वास्थ्य से मुक्ति मिलती है, आस-पास के लोगों और विश्व को स्वास्थ्य लाभ के साथ स्वास्थ्य लाभ मिलता है। मंगल मैत्री अवस्था (समय, स्थान, मन और आत्मा के समान होना) का विकास करना है, जिससे स्वास्थ्य से मुक्ति मिलती है, आस-पास के लोगों और विश्व को स्वास्थ्य लाभ के साथ स्वास्थ्य लाभ मिलता है, स्वास्थ्य लाभ के साथ स्वास्थ्य लाभ मिलता है।

कार्यविधि-

5 वर्ष से 16 वर्ष की आयु तक उपनयन संस्कार में भाग लेना और नियमित रूप से 12 दिवसीय उपनयन संस्कार कार्यक्रम में शामिल होना, 24x7x365 मंगल मैत्री अवस्था विकसित करना। उपनयन संस्कार के बाद वैदिक शिक्षा में शामिल होना और क्रोध, लोभ और आसक्ति पर नियंत्रण करना मंगल मैत्री विकसित करने का एक तरीका है।

16 वर्ष से 18 वर्ष की आयु तक राष्ट्रीय स्वयं सेवक संघ के 4 स्तरीय प्रशिक्षण में शामिल होना और देश की सेवा करना, मंगल मैत्री अवस्था विकसित करते हुए। देशभक्ति का गुण विकसित करना।

18 वर्ष से 25 वर्ष की आयु तक आनापान, विपश्यना या आत्म नियंत्रण ध्यान और मंगल मैत्री सीखना और आत्म नियंत्रण ध्यान का निरंतर अभ्यास 24x7x365xविभिन्न वर्षों तक मंगल मैत्री विकसित करने की एक अच्छी विधि है। बिना किसी आसक्ति के द्रष्टा भाव में व्यापार या सेवा करना व्यापार और मंगल मैत्री को मजबूत करने का एक उत्कृष्ट तरीका है।

35 वर्ष की आयु के बाद मंदिर, गुरुकुल, उपनयन संस्कार केंद्र, विपश्यना केंद्र, आरएसएस केंद्र, स्वास्थ्य केंद्र और

श्मशान स्थल या विभिन्न स्थानों पर समाज में निरंतर सेवा करना और त्याग करना मंगल मैत्री विकसित करने की एक अच्छी विधि है।

35 वर्ष की आयु से बोलबम का जाप करते हुए नंगे पांव चलना और हरे कृष्ण हरे कृष्ण कृष्ण कृष्ण हरे हरे हरे राम हरे राम राम राम हरे हरे या बुद्धम शरणम गच्छामि, संघम शरणम गच्छामि, धम्मम शरणम गच्छामि का निरंतर जाप करना मंगल मैत्री विकसित करने का एक अच्छा कदम है।

यज्ञ, तप और दान मंगल मैत्री विकसित करने के तरीके हैं। सकारात्मकता के सिद्धांत का पालन करना 5 वर्ष से 16 वर्ष की आयु तक उपनयन संस्कार में भाग लेना और नियमित रूप से 12 दिवसीय उपनयन संस्कार कार्यक्रम में शामिल होना 24x7x365 मंगल मैत्री की स्थिति लाता है।

समाज में अनुशासन को समझने के लिए यह आवश्यक है। उपनयन संस्कार करने की विधि उपनयन संस्कार एक पुराना और तकनीकी संस्कार है जो हमारे समाज को सही रास्ते पर बदल सकता है।

कुछ जातियाँ अब इस संस्कार का पालन करती हैं और इसे अगली पीढ़ी तक पहुँचाती हैं।

#गुरु, #सहगुरु और #सेवक संत और व्यावहारिक व्यक्ति होने चाहिए। और सभी लालच से दूर होने चाहिए और जो बच्चों के साथ 12 दिन और रात बिता सकते हैं और सुबह 4 बजे से रात 9 बजे तक बच्चों को पढ़ा सकते हैं और उनकी उम्र 35+ होनी चाहिए और सहायक गुरु की उम्र 25+ होनी चाहिए।

गुरु के पास सहायक गुरु के रूप में 10 साल का अनुभव होना चाहिए। सहायक गुरु के पास सेवक के रूप में कम से कम 10 साल का अनुभव होना चाहिए। सेवक वह व्यक्ति होना चाहिए जिसने उपनयन संस्कार लिया हो और पिछले 1 साल से अनुशासन का पालन कर रहा हो और लालच से मुक्त हो। न्यूनतम आयु-15 वर्ष।

आज हमने चरणबद्ध तरीके से दिशा-निर्देश तैयार किए हैं ताकि हम अपनी भावी पीढ़ी और वर्तमान पीढ़ी के लिए तकनीकी पहलुओं में गुणवत्ता में सुधार कर सकें ताकि हमारा लक्ष्य लंबे समय तक चल सके। योजना कम से कम 11 दिनों के लिए आर्य मौन के साथ है, जो उपनयन संस्कार के लिए आवश्यक है।

दिन-1

प्रत्येक माता-पिता घर में कुलदेवता की पूजा करेंगे और

अपने बेटे को दोपहर 2 बजे तक हल्के कपड़े पहनाकर आश्रम लाएंगे। आश्रम गुरु और सहायक गुरु के दिशा-निर्देशों के अनुसार सभी बच्चों को उपयुक्त बिस्तर, चादर और सामान्य सुविधा के साथ उपयुक्त चप्पल/खरौव प्रदान करेगा।

शाम 5 बजे से शाम 6 बजे तक - रात्रि भोजन।

शाम 6 बजे से शाम 7.45 बजे तक - गुरु और सहायक गुरु द्वारा परिचय कक्षाएं। उपनयन संस्कार, आश्रम के अनुशासन आदि के कार्यक्रम के लिए भाषण देना, #आर्य माउंट की शुरुआत और माननीय अतिथियों को रात्रि भोजन।

शाम 7.45 बजे से रात 8.15 बजे तक - दिन और अगले दिन कार्यक्रम चर्चा और गुरु द्वारा इंद्रिय, मस्तिष्क और बुद्धि प्राणायाम।

दिन-2

सुबह 4 बजे से सुबह 4.30 बजे तक - उठें और सहायक गुरु की मदद से स्नान करके तरोताजा हो जाएं।

4.30 पूर्वाह्न-6.30 पूर्वाह्न- गुरु बंदना+सर्वांगासन प्राणायाम+आत्म समर्पण प्राणायाम+जीवन ऊर्जा प्राणायाम+इंद्रिय मस्तिष्क और बुद्धि नियंत्रण प्राणायाम

(कक्षा-1) 6.30 पूर्वाह्न-7 पूर्वाह्न- सेवक की मदद से नाश्ता।

सुबह 7 बजे से 11.00 बजे तक - गुरु के मार्गदर्शन में मारवा+मटकोर+हल्दी कलश के बच्चों द्वारा तैयारी।

11.00 पूर्वाह्न-11.45 पूर्वाह्न- दोपहर का भोजन 11.45 पूर्वाह्न से 1.30 अपराह्न-विश्राम 1.30 अपराह्न -3.30 अपराह्न- सहायक गुरु के मार्गदर्शन में मारवा+मटकोर+हल्दी कलश का आयोजन।

3.30 अपराह्न-5.30 अपराह्न- उपनयन संस्कार का प्रारंभ+घृत धारी+सत्य नारायण की पूजा कथा. बरुआ ड्रेसिंग.

शाम 5.30 बजे से शाम 6.00 बजे तक - बरुआ और माननीय अतिथि के लिए रात्रि भोज। शाम 6.00 बजे से शाम 6.45 बजे तक - गुरु के मार्गदर्शन में बरुआ द्वारा भक्ति योग।

शाम 6.40 बजे से शाम 7.45 बजे तक - गुरु द्वारा आयुर्वेद की मूल बातें।

शाम 7.45 बजे से शाम 8.45 बजे तक - गुरु द्वारा प्रवचन, दिन और अगले दिन के कार्यक्रम पर चर्चा और गुरु द्वारा इंद्रिय, मस्तिष्क और बुद्धि प्राणायाम।

शाम 8.45 बजे से सुबह 4 बजे तक - आराम।

दिन-3

सुबह 4 बजे से सुबह 4.30 बजे तक - सहायक गुरु की मदद से उठें और स्नान करके तरोताजा हो जाएं।

4.30AM - 6.30AM-गुरु बंदना + सर्वांगासन प्राणायाम + आत्म समर्पण प्राणायाम + जीवन ऊर्जा प्राणायाम + इंद्रिय मस्तिष्क और बुद्धि नियंत्रण प्राणायाम (कक्षा-II)

6.30AM-7AM - सेवक की मदद से नाश्ता।

7AM-10.00AM - भिक्षाटन-I (गुरु द्वारा निर्धारित बाह्य)।

10.00AM-11.45AM- गुरु के साथ बरुआ द्वारा भोजन और दोपहर के भोजन की तैयारी।

11.45AM से 1.30PM- आराम।

1.30PM -2.30PM- सहायक गुरु के अधीन आत्म समर्पण और जीवन ऊर्जा प्राणायाम का अभ्यास।

2.30PM-3.30PM- सहायक गुरु के अधीन इंद्रिय, मस्तिष्क और बुद्धि प्राणायाम का अभ्यास।

3.30 बजे से 4.30 बजे तक - गुरु द्वारा आयुर्वेद की मूल बातें।

4.30 बजे से 6.00 बजे तक - गुरु के मार्गदर्शन में

बरुआ और माननीय अतिथि के लिए भोजन की तैयारी और रात्रिभोज।

6.00 बजे से 6.45 बजे तक - गुरु के मार्गदर्शन में बरुआ द्वारा भक्ति योग।

6.45 बजे से 7.45 बजे तक - गुरु के मार्गदर्शन में बरुआ द्वारा आयुर्वेद की मूल बातें (व्यावहारिक सत्र)।

7.45 बजे से 8.45 बजे तक - गुरु द्वारा प्रवचन और दिन और अगले दिन के कार्यक्रम पर चर्चा और गुरु द्वारा आत्म नियंत्रण ध्यान।

8.45PM-4AM-आराम।

दिन-4 (कक्षा-III) और भिक्षाटन-II (बाह्य गुरु द्वारा तय), दिन-3 के समान आराम

दिन-5 (कक्षा-IV), भिक्षाटन-III (बाह्य गुरु द्वारा तय), दिन-3 के समान आराम

दिन-6 (कक्षा-V), भिक्षाटन-IV (बाह्य गुरु द्वारा तय), दिन-3 के समान आराम

दिन-7 (कक्षा-VI), भिक्षाटन-V (बाह्य गुरु द्वारा तय), दिन-3 के समान आराम

दिन-8 (कक्षा-VII), भिक्षाटन-VI (बाह्य गुरु द्वारा तय),

दिन-3 के समान आराम

दिन-9 (कक्षा-VIII), भिक्षाटन-VII (बाह्य गुरु द्वारा तय), दिन-3 के समान आराम

दिन-10 (कक्षा-IX), भिक्षाटन-VIII (बाह्य गुरु द्वारा तय), दिन-10 के समान आराम दिन-3

दिन-11

सुबह 4 बजे से 4.30 बजे तक - सहायक गुरु की मदद से उठें और स्नान करके तरोताजा हो जाएं।

सुबह 4.30 बजे से 6.30 बजे तक - आत्म नियंत्रण ध्यान (कक्षा-10)

सुबह 6.30 बजे से 7 बजे तक - सेवक की मदद से नाश्ता।

सुबह 7 बजे से 10.00 बजे तक - अपने परिवार से भिक्षाटन-9

सुबह 10.00 बजे से 11.45 बजे तक - गुरु के साथ बरुआ द्वारा भोजन और दोपहर के भोजन की तैयारी।

सुबह 11.45 बजे से दोपहर 1.30 बजे तक - आराम

दोपहर 1.30 बजे से शाम 4.30 बजे तक - सभी बरुआ को उपनयन संस्कार प्रदान करना। (आर्य पर्वत का

अंत)

शाम 4.30 बजे से शाम 6.00 बजे तक - बरुआ द्वारा भोजन की तैयारी और रात्रिभोज + गुरु के मार्गदर्शन में माननीय अतिथियों को रात्रिभोज।

6.00 बजे से 6.45 बजे तक - गुरु के मार्गदर्शन में बरुआ द्वारा भक्ति योग और गुरु द्वारा प्रशंसा।

6.45 बजे से 7.45 बजे तक - गुरु द्वारा आयुर्वेद की मूल बातें पर प्रश्न उत्तर सत्र।

7.45 बजे से 8.45 बजे तक - गुरु द्वारा प्रवचन + दिन और अगले दिन का कार्यक्रम + गुरु द्वारा आत्म नियंत्रण ध्यान।

8.15 बजे से 4 बजे तक - आराम।

दिन-12

4 बजे से 4.30 बजे तक - सहायक गुरु की मदद के बिना स्नान करके उठें और तरोताजा हो जाएं।

4.30 बजे से 6.30 बजे तक - आत्म नियंत्रण ध्यान (कक्षा-XI)

6.30 बजे से 7 बजे तक - नाश्ता।

7 बजे से 9.00 बजे तक - समूह फोटो और प्रवचन। माता-पिता बच्चों की देखभाल करेंगे।

उपनयन संस्कार के बाद वैदिक शिक्षा में शामिल होना और क्रोध, लोभ और मोह पर नियंत्रण करना मंगल मैत्री विकसित करने का एक तरीका है। ज्ञान समाज में हर जीवन के लिए महत्वपूर्ण है।

वैदिक शिक्षा का मुख्य उद्देश्य शिक्षा के माध्यम से मोक्ष प्राप्त करना था। गुरुकुलों और आश्रमों में शिक्षक छात्रों को पढ़ाते हैं। छात्र और शिक्षक सादा जीवन लेकिन उच्च विचार के सिद्धांत का पालन करते हैं। शिक्षा ब्रह्मचर्य का पालन करने, इंद्रियों पर नियंत्रण और जीवन की शुद्धता में मदद करती है। ऐसे गुरुकुलों में जाने वाले दो प्रकार के ब्रह्मचारी थे।

उपकुर्वण ब्रह्मचारी- जो सीमित समय तक छात्र रहता है जिसके बाद वह विवाह कर लेता है और गृहस्थ बन जाता है। और।

नैष्ठिक ब्रह्मचारी- जो सीखने की खोज में समर्पित जीवन भर छात्र और ब्रह्मचारी रहता है।

12 वर्षीय वैदिक शिक्षा में आयुर्वेदिक जीवनशैली का अनुशासन होता है जो जीवन में क्रोध, लोभ और आसक्ति को धीरे-धीरे नियंत्रित करता है। ये 24 वर्ष की आयु तक

शिक्षा प्राप्त करते हैं - वसु।

वैदिक अनुसंधान के 12 वर्ष बाद मनुष्य को सामान्य से संत, साधु तक ऊपर उठाते हैं। ये 36 वर्ष की आयु तक शिक्षा प्राप्त करते हैं - रुद्र।

वैदिक तपस्या के 12 वर्ष बाद मनुष्य को संत, साधु से मुनि, ऋषि और अंततः महर्षि तक ऊपर उठाते हैं। ये 48 वर्ष की आयु तक शिक्षा प्राप्त करते हैं - औदित्य।

अनुशासन दिनचर्या निम्नानुसार होनी चाहिए-

सुबह 4 बजे - जागने का समय

सुबह 4.30 से 6.30 बजे तक -आत्म समर्पण प्राणायाम, गुरु वंदना का जाप, योग, प्राणायाम और ध्यान तथा आयुर्वेदिक पाककला।

सुबह 6.30 से 7.00 बजे तक - 1 फल के साथ सात्विक नाश्ता।

सुबह 7 से 8 बजे तक - आराम।

सुबह 8 से 10.30 बजे तक -वेद और आयुर्वेद का अभ्यास सत्र।

सुबह 10.30 से 11.45 बजे तक -सात्विक दोपहर का भोजन तैयार करना और ग्रहण करना।

सुबह 11.30 से 1 बजे तक - आराम का समय।

दोपहर 1.00 बजे से 4.30 बजे तक -भिक्षाटन/कृषि या अन्य क्षेत्र कार्य।

शाम 4.30 बजे से 6.00 बजे तक -चाय/अदरक का सूप/नींबू का रस के साथ रात्रि भोजन तैयार करना और ग्रहण करना।

शाम 5.00 बजे से 6.00 बजे तक - आराम।

शाम 6 बजे से 9 बजे तक -उपनिषद और पुराण की व्यावहारिक कक्षाएँ।

रात 9 बजे से सुबह 4 बजे तक - आराम।

III. 16 वर्ष से 18 वर्ष की आयु तक राष्ट्रीय स्वयं सेवक संघ में शामिल होकर 4 स्तरीय प्रशिक्षण प्राप्त करना तथा देश की सेवा करना, देशभक्ति की गुणवत्ता को बढ़ाना।

संघ की कार्यपद्धति सरलतम है, इसमें कोई रहस्य नहीं है। प्रतिदिन एक घंटा एकत्रित होना ही संघ की कार्यपद्धति का मूल है, तथा संघ सदैव व्यक्तिगत सम्पर्क से ही विकसित हुआ है।

यह एक स्व-निहित तंत्र है, इसलिए इसकी सफलता है। जो व्यक्ति हिन्दुस्तान में रहता है, उसे हिन्दू कहते हैं। (उस

व्यक्ति की सोच तुच्छ नहीं होती।)

शाखा प्रक्रिया चरणबद्ध- 1) शाखा प्रतिदिन लगनी चाहिए।

2) शाखा समय पर लगनी चाहिए।

3) शाखा में विविध कार्यक्रम होने चाहिए।

4) सभी स्वयंसेवकों में खेल भावना, प्रेम, स्नेह और पवित्रता का वातावरण होना चाहिए।

5) हमें आपस में विचार-विमर्श करके अपने लक्ष्य प्राप्ति में अधिक स्पष्ट और दृढ़ बनने की इच्छा और आग्रह अपने हृदय में विकसित करना चाहिए।

6) हमें अपनी प्रार्थना को सही ढंग से, सामूहिक रूप से तथा पूरी गंभीरता, विश्वास और समझ के साथ बोलना चाहिए।

7) हमारा पवित्र ध्वज हमारे लिए जो भी परम पवित्र है, उसका प्रतीक है। हमें सामूहिक रूप से तथा पूरी विनम्रता के साथ इसे प्रणाम करना चाहिए।

8) कुछ समय के लिए एक साथ बैठें तथा विभिन्न विषयों पर चर्चा करें। पता करें कि उस दिन शाखा में कौन उपस्थित नहीं हुआ है तथा अगले दिन से पहले उनसे मिलने का प्रयास करें।

आरएसएस में गटनायक को सर संघचालक का पद दिया जाता है। मुख्य शिक्षक या शिक्षक, प्रांत प्रचारक, क्षेत्र प्रचारक

तथा अखिल भारतीय समिति की जिम्मेदारी होती है। प्रार्थना, ध्वज प्रणाम, ध्वजावतरण तथा प्रकीर्णन क्रम 'विकिर' का सम्मान तथा समर्पण अनिवार्य है। आरएसएस के लिए जनता जनार्दन ही वास्तविक ईश्वर है।

संक्षेप में, यही आरएसएस की शाखा है। इसमें भाग लेने वाले "संघ के स्वयंसेवक" हैं। शाखा पुरुषों को देशभक्ति की राह पर ढालने का सबसे प्रभावी और समय-परीक्षणित साधन है - जो इसके भौतिक आयाम तक पहुँचता है। संघ ने सामाजिक महत्व के छह राष्ट्रीय त्योहारों के पालन को लोकप्रिय बनाया है: 1.वर्ष प्रतिपदा या हिंदू नव वर्ष।

2. ज्येष्ठ शुद्ध त्रयोदशी पर हिंदू साम्राज्य दिनोत्सव, 3.छत्रपति शिवाजी के राज्याभिषेक का स्मरणोत्सव; आषाढ़ पूर्णिमा पर गुरुपूजा।

4. श्रावण पूर्णिमा पर रक्षा बंधन।

5. अश्वयुजा शुद्ध दशमी को विजयादशमी; और 6. मकर संक्रांति।

शाखा/समिति प्रक्रिया को नियमित अंतराल पर प्रांतीय और अखिल भारतीय स्तर पर "संघ/समिति शिक्षा वर्ग" नामक श्रेणीबद्ध प्रशिक्षण-शिविरों द्वारा और मजबूत किया

जाता है।

प्रशिक्षण के चार चरण इस प्रकार हैं-

प्राथमिक स्तर का प्रशिक्षण/प्रारंभिक प्रशिक्षण शिविर।

एक प्रांत में 7 दिवसीय आवासीय प्रशिक्षण।

समय- (मार्च-अप्रैल-14 वर्ष से 60 वर्ष सामान्यतः 40 वर्ष),(21 दिसंबर-31 दिसंबर केवल 10+2 के बाद प्रतियोगी छात्रों के लिए),(कृषक और व्यवसायी लोगों के लिए सितंबर)।

शून्य दिवस-

प्रशिक्षण में शामिल होने से पहले 3 महीने तक समर्पण करें और शाखा जारी रखें। पंजीकरण के बाद शाम 4 बजे तक आवासीय प्रशिक्षण स्थल पर कपड़े, मच्छरदानी और चादर के साथ बिना मोबाइल के पहुँचें। शाम को गुरु और आचार्य द्वारा बताए गए और सिखाए गए जीवन के अनुशासन का पालन करें (शाम 4 से 6 बजे तक)।

शाम 6 से 7 बजे तक-अल्पहार

शाम को आचार्य परिचय कक्षाएं लेंगे (शाम 7 से 9 बजे तक) जिसमें प्रत्येक प्रतिभागी बात करेंगे, समर्पण करेंगे और अपना परिचय देंगे और एक अलग समूह बनाएंगे।

विभिन्न प्रभागों (शारीरिक, बोधिक) के विभिन्न शिक्षक

आवासीय कक्षाओं में रह रहे हैं। पहले दिन से सातवें दिन जागने का समय- 4 बजे शिति द्वारा।

4.30 बजे से 6 बजे तक- आचार्य द्वारा संयुक्त रूप से एकात्मक गीत का जाप और ध्यान।

6 बजे से 8.30 बजे तक- शारीरिक शिक्षक द्वारा शारीरिक कक्षाएं।

8.30 बजे से 10.00 बजे तक- नाश्ता।

10 बजे से 11.30 बजे तक- बौद्धिक कक्षाएं, प्रार्थना और कल की बातचीत पर चर्चा।

11.30 बजे से 2.30 बजे तक- दोपहर का भोजन आयोजन समिति द्वारा तैयार किया जाता है। आयोजन समिति द्वारा जूस का प्रबंध किया जाता है और विश्राम।

2.30 बजे से 4 बजे तक- विशेषज्ञ द्वारा बौद्धिक कक्षाएं।

4 बजे से 6 बजे तक- आचार्य द्वारा शारीरिक कक्षाएं।

शाम 6 बजे से 7 बजे तक- अल्पाहार।

शाम 7 बजे से 9 बजे तक- विभिन्न टीमों और सहभागिता करने वाले लोगों द्वारा आयोजित विभिन्न गतिविधियाँ।

रात 9 बजे से 9.30 बजे तक- उसी क्षेत्र से स्वयंसेवकों

से रोटी एकत्र करके रात्रिभोज का आयोजन।

रात 9.30 बजे से 10 बजे तक- दीप प्रज्वल गतिविधि।

रात 10 बजे से सुबह 4 बजे तक- शयन मंत्र के बाद सोना।

आठवाँ दिन जागना - सुबह 4 बजे सिटी द्वारा।

सुबह 4.30 बजे से 6 बजे तक- आचार्य द्वारा संयुक्त रूप से एकात्मक गीत का जाप और ध्यान।

सुबह 6 बजे से 7 बजे तक- शारीरिक शिक्षक द्वारा शारीरिक कक्षाएँ।

सुबह 7 बजे से 9 बजे तक- दीक्षांत गतिविधि और प्रवचन और नाश्ता और प्रार्थना के साथ प्रशिक्षण सत्र का समापन।

द्वितीय वर्ष का प्रशिक्षण-20 दिन।

20 दिवसीय आवासीय प्रशिक्षण (केवल मई माह)

यह हर साल मई में आयोजित किया जाना चाहिए और यह एक प्रांत से दूसरे प्रांत में बदलता रहता है।

शून्य दिवस-

पंजीकरण के पश्चात शाम 4 बजे तक आवासीय प्रशिक्षण स्थल पर पहुँचें, बिना मोबाइल के वस्त्र एवं चादर लेकर प्रशिक्षण प्रारंभ करें।

शाम को गुरु एवं आचार्य द्वारा बताए गए एवं सिखाए गए

जीवन अनुशासन का पालन करें। (शाम 4 से 6 बजे तक)।

शाम 6 से 7 बजे तक- अल्पहार

शाम को आचार्य परिचय कक्षाएं लेंगे (शाम 7 से 9 बजे तक) जिसमें प्रत्येक प्रतिभागी बातचीत करेंगे, समर्पण करेंगे, अपना परिचय देंगे तथा अलग-अलग समूह बनाएंगे। विभिन्न प्रभागों (शारीरिक, बोधिक) के विभिन्न शिक्षक रह रहे हैं। आवासीय कक्षाओं में।

पहले दिन से 20वें दिन

जागने का समय- सुबह 4 बजे शिति द्वारा।

सुबह 4.30 बजे से 6 बजे तक- आचार्य द्वारा संयुक्त रूप से एकात्मक गीत का जाप और ध्यान।

सुबह 6 बजे से 8.30 बजे तक- शारीरिक शिक्षक द्वारा विशिष्ट शारीरिक कक्षाएं।

सुबह 8.30 बजे से 10.00 बजे तक- नाश्ता।

सुबह 10 बजे से 11.30 बजे तक- उच्च स्तरीय बौधिक कक्षाएं, प्रार्थना और कल की बातचीत पर चर्चा।

सुबह 11.30 बजे से दोपहर 2.30 बजे तक- आयोजन समिति द्वारा दोपहर का भोजन तैयार किया जाता है। आयोजन समिति द्वारा जूस का आयोजन किया जाता है और

विश्राम।

दोपहर 2.30 बजे से शाम 4 बजे तक- विशेषज्ञ द्वारा विशिष्ट बौधिक कक्षाएं।

शाम 4 बजे से शाम 6 बजे तक- आचार्य द्वारा विशिष्ट शारीरिक कक्षाएं।

शाम 6 बजे से शाम 7 बजे तक- अल्पाहार।

शाम 7 बजे से रात 9 बजे तक- विभिन्न टीमों और भाग लेने वाले लोगों द्वारा आयोजित विभिन्न गतिविधियाँ।

रात्रि 9 बजे से 9.30 बजे तक- उसी क्षेत्र के स्वयंसेवकों से रोटी एकत्रित करके रात्रि भोज का आयोजन।

रात्रि 9.30 बजे से 10 बजे तक- दीप प्रज्वल गतिविधि।

रात्रि 10 बजे से सुबह 4 बजे तक- मंत्र जाप के बाद सो जाना।

21वें दिन

जागना - सुबह 4 बजे

प्रातः 4.30 बजे से 6 बजे तक- आचार्य द्वारा संयुक्त रूप से एकात्मक गीत का जाप और ध्यान।

प्रातः 6 बजे से 7 बजे तक- शारीरिक शिक्षक द्वारा शारीरिक कक्षाएं।

प्रातः 7 बजे से 9 बजे तक- दीक्षांत गतिविधि और प्रवचन तथा नाश्ता और प्रार्थना के साथ प्रशिक्षण सत्र का समापन।

तृतीय वर्ष का प्रशिक्षण- 20 दिन।

20 दिवसीय आवासीय प्रशिक्षण (केवल मई माह में)

यह प्रत्येक वर्ष मई में आयोजित किया जाना चाहिए और यह एक प्रांत से दूसरे प्रांत में बदलता रहता है।

शून्य दिवस-

पंजीकरण के पश्चात शाम 4 बजे तक मोबाइल के बिना कपड़े और चादर लेकर प्रशिक्षण प्रारंभ करने से पूर्व आवासीय प्रशिक्षण स्थल पर पहुंच जाना चाहिए। शाम को गुरु और आचार्य द्वारा बताए गए और सिखाए गए जीवन अनुशासन का पालन करें (शाम 4 से 6 बजे तक)।

शाम 6 से 7 बजे तक - अल्पाहार।

शाम को आचार्य परिचय कक्षाएं लेंगे (शाम 7 से 9 बजे तक) जिसमें प्रत्येक प्रतिभागी बात करेंगे, समर्पण करेंगे और अपना परिचय देंगे तथा एक अलग समूह बनाएंगे। विभिन्न प्रभागों (शारीरिक, बोधिक) के विभिन्न शिक्षक आवासीय कक्षाओं में रह रहे हैं।

शाम को गुरु और आचार्य द्वारा बताए गए और सिखाए गए जीवन अनुशासन का पालन करें (शाम 4 बजे से शाम 6 बजे तक)।

शाम 6 बजे से शाम 7 बजे तक- अल्पहार

शाम को आचार्य परिचय कक्षाएं लेंगे (शाम 7 बजे से रात 9 बजे तक) जिसमें प्रत्येक प्रतिभागी बातचीत करेंगे, समर्पण करेंगे और अपना परिचय देंगे तथा एक अलग समूह बनाएंगे। विभिन्न प्रभागों (शारीरिक, बोधिक) के विभिन्न शिक्षक आवासीय कक्षाओं में रह रहे हैं।

पहले दिन से 25वें दिन तक।

जागने का समय-सुबह 4 बजे शिति द्वारा।

सुबह 4.30 बजे से सुबह 6 बजे तक- आचार्य द्वारा संयुक्त रूप से एकात्मक गीत का जाप और ध्यान।

सुबह 6 बजे से 8.30 बजे तक- शारीरिक शिक्षक द्वारा विशिष्ट शारीरिक कक्षाएं।

सुबह 8.30 बजे से 10.00 बजे तक- नाश्ता।

सुबह 10 बजे से 11.30 बजे तक- उच्च स्तरीय बौधिक कक्षाएं, प्रार्थना और कल की वार्ता पर चर्चा।

सुबह 11.30 बजे से दोपहर 2.30 बजे तक- आयोजन

समिति द्वारा दोपहर का भोजन तैयार किया जाएगा। आयोजन समिति द्वारा जूस का आयोजन किया जाएगा और विश्राम किया जाएगा।

दोपहर 2.30 बजे से शाम 4 बजे तक- विशेषज्ञ द्वारा विशिष्ट बौधिक कक्षाएं।

शाम 4 बजे से शाम 6 बजे तक- आचार्य द्वारा विशिष्ट शारीरिक कक्षाएं।

शाम 6 बजे से शाम 7 बजे तक- अल्पाहार।

शाम 7 बजे से रात 9 बजे तक- विभिन्न टीमों और भागीदारी करने वाले लोगों द्वारा आयोजित विभिन्न गतिविधियाँ।

रात 9 बजे से रात 9.30 बजे तक- उसी क्षेत्र के स्वयंसेवकों से रोटी एकत्र करके रात्रिभोज का आयोजन।

रात 9.30 बजे से रात 10 बजे तक- दीप प्रज्वल गतिविधि।

रात 10 बजे से सुबह 4 बजे तक- सोने के बाद मंत्र का जाप करें।

26वें दिन

जागना - सुबह 4 बजे

सुबह 4.30 बजे से सुबह 6 बजे तक- आचार्य द्वारा संयुक्त रूप से एकात्मक गीत का जाप और ध्यान।

सुबह 6 बजे से शाम 7 बजे तक- शारीरिक शिक्षक द्वारा शारीरिक कक्षाएं।

सुबह 7 बजे से 9 बजे तक- दीक्षांत गतिविधि और प्रवचन तथा नाश्ता और प्रार्थना के साथ प्रशिक्षण सत्र का समापन।

दीक्षांत एक अनिवार्य गतिविधि है, जो लोग इसमें शामिल नहीं हुए हैं, उनका पाठ्यक्रम पूरा नहीं हुआ है।

IV. 18 वर्ष से 25 वर्ष की आयु तक आनापान, विपश्यना या आत्म नियंत्रण ध्यान और मंगल मैत्री सीखना और आत्म नियंत्रण ध्यान का निरंतर अभ्यास 24x7x365xविभिन्न वर्षों के लिए मंगल मैत्री विकसित करने की एक अच्छी विधि है।

अनुशासित आश्रम में मंगल मैत्री के साथ आनापान ध्यान और विपश्यना तकनीक की तकनीक। (बुद्धम शरणम गच्छामि, धम्मम शरणम गच्छामि, संघम एस अरणं गच्छामि)

गीता अध्याय-VI

भगवान कृष्ण ने अर्जुन को आत्म अनुशासन योग करने के लिए कहा- इस गोग में बताया गया है कि साँस लेने और छोड़ने के अग्र भाग को देखो और शरीर के बाहर और अंदर की संवेदना

को देखो और समझो। भगवान बुद्ध ने इस तकनीक की खोज की और इसका अभ्यास किया और परम शांति की अवस्था तक पहुँचे और लगभग 45 वर्षों तक उपरोक्त तकनीक सिखाते रहे। तकनीक इस प्रकार है-

उनके पास 48 दिनों का आवासीय पाठ्यक्रम है और अब यह 10 दिन, 15 दिन, 20 दिन, 30 दिन, 60 दिन और इसी तरह का है। यह उनके सहायक शिक्षक द्वारा पढ़ाया जाता है और आजकल आचार्य एस.एन.गोयनका जी के मार्गदर्शन में सेवक द्वारा मदद की जाती है। प्रत्येक छात्र को विभिन्न पाठ्यक्रमों में सेवक का कर्तव्य निभाना होता है।

मंगल मैत्री विकसित करने के लिए सेवक की गतिविधि आवश्यक है। अष्टांगिक मार्ग में आठ अभ्यास शामिल हैं: सही दृष्टिकोण, सही संकल्प, सही भाषण, सही आचरण, सही आजीविका, सही प्रयास, सही ध्यान और सही समाधि ('ध्यान में डूबना या एकता')।

विभाजन

अष्टांगिक मार्ग के कारक

नैतिक गुण (संस्कृत: शील, पाली: शील)

1. सही भाषण

2. सही कार्य

3. सही आजीविका

ध्यान (संस्कृत और पाली: समाधि)

4. सही प्रयास

5. सही ध्यान

6. सही एकाग्रता

अंतर्दृष्टि, ज्ञान (संस्कृत: प्रज्ञा, पाली: पञ्चा)

7. सही संकल्प

8. सही दृष्टिकोण

आश्रम अनुशासन अनिवार्य है और सुबह 4 बजे से रात 9.30 बजे तक चलता है।

दैनिक दिनचर्या-

सुबह 4 बजे- जागने का समय

सुबह 4.30 से 6.30 बजे- अनापान ध्यान/विपश्यना तकनीक समय

सुबह 6.30 से 7.00 बजे- 1 फल के साथ सात्विक नाश्ता

सुबह 7 से 8 बजे- आराम

सुबह 8 से 11 बजे- अनापान ध्यान/विपश्यना तकनीक समय

सुबह 11 से 11.30 बजे- सात्विक दोपहर का भोजन

सुबह 11.30 से 1 बजे- आराम

दोपहर 1.00 बजे से 4.30 बजे- अनापान ध्यान/विपश्यना तकनीक

शाम 4.30 बजे से 5.00 बजे- चाय/अदरक का सूप/नींबू का रस ब्रेक।

शाम 5.00 बजे से 6.00 बजे- आराम

शाम 6 बजे से 9 बजे- अनापान ध्यान/विपश्यना तकनीक

रात 9 बजे से 4 बजे- आराम

पंचशील अनुशासन का पालन करें।

हत्या से दूर रहें।

चोरी से दूर रहें।

यौन दुराचार से दूर रहें।

गलत भाषण से दूर रहें।

नशीले पदार्थों के सेवन से दूर रहें जो ध्यान भटकाते हैं।

अनपना ध्यान (गुरु के सख्त मार्गदर्शन में) -

बस आने वाली सामान्य सांस और बाहर जाने वाली सामान्य सांस को देखें। तकनीक बहुत सरल है, लेकिन

नियंत्रित करना कठिन है, क्योंकि मन 10 सेकंड से 1 मिनट से अधिक समय तक एक बिंदु पर नहीं रहता है। एक बार जब यह 1 मिनट से 10 मिनट तक पहुंच जाता है, तो इसका मतलब है कि जीवन को प्रकृति से सीधे ऊर्जा मिलेगी।

व्यावहारिक रूप से सांस पर ध्यान केंद्रित करना मुश्किल है, इसलिए भगवान बुद्ध ने भाव का एक विचार सुझाया, हमारी दृष्टि के तीन भाव हैं, या तो बंद आंख में या खुली आंख में, जो कि ए. भोक्ता भाव, बी. द्रष्टा भाव और सी. सोए हुए भाव हैं। और दूसरे भाव को समता भाव कहा जाता है। यदि हम दृष्टि को द्रष्टा भाव में रखते हैं, तो हमारी दृष्टि या एकाग्रता स्वतः ही नासिका के प्रारंभिक बिंदु पर पहुँच जाती है, जहाँ हम आने-जाने वाली साँस को आसानी से देख सकते हैं और हम इसे 1 मिनट से 10 मिनट तक आसानी से बनाए रख सकते हैं।

एक छाते की तरह बनें, जो हमें वर्षा ऋतु में वर्षा से और ग्रीष्म ऋतु में सूर्य की किरणों से बचाता है। श्वास लेने और छोड़ने पर मन को नियंत्रित करने के लिए लगातार 3 दिनों तक इस तकनीक का पालन करना है।

दिन-0-अनापान ध्यान परिचय और परिचयात्मक कक्षाओं को सीखने के लिए शिक्षक को शब्द देना। द्रष्टा भाव और भोक्ता

भाव को समझना और नासिका के प्रारंभिक स्थान पर ध्यान केंद्रित करना सीखना।

दिन-1 नासिका बिंदु के सामने एकाग्रता बनाए रखने का अभ्यास।नासिका के अंदर श्वास लेने को देखने की तकनीक सीखने का पाठ।

दिन-2 नासिका के अंदर श्वास लेने की एकाग्रता बनाए रखने का अभ्यास।प्रवेश बिंदु पर श्वास लेने का पाठ।

दिन-3 से 5 तक पूरे दिन और शाम को अभ्यास: गुरु से विपश्यना सीखने के लिए शब्द देना और शरीर के विभिन्न अंगों को देखना और संवेदना महसूस करना सीखना। विपश्यना तकनीक (गुरु के सख्त मार्गदर्शन में)।

15वें दिन का सत्र पूर्ण शिक्षण है, जबकि शुरुआत में 10 दिन का सत्र पर्याप्त है, अनुभव के बाद 15वें दिन, 20 दिन, 30 दिन, 60 दिन के सत्र में शामिल हों। इससे मानव शरीर ठीक हो जाता है और मनुष्य बच्चों जैसा बन जाता है। बच्चे ही असली भगवान हैं। हमारे शरीर के हर हिस्से में संवेदना को देखना और 7 दिनों तक संवेदना को महसूस करना। 7वें, 8वें, 9वें, 10वें, 11वें, 12वें और 13वें दिन मानव शरीर तरल पदार्थ की तरह अस्थिर हो जाता है और ऊर्जा की गति

बहुत तेज हो जाती है। यह बीमार स्वास्थ्य समस्याओं से ठीक हो जाता है। विवरण नीचे दिया गया है।

दिन-3 पूरा दिन और शाम को गुरु से विपश्यना सीखने के लिए शब्द देना और शरीर के विभिन्न अंगों को देखने और संवेदना महसूस करने के लिए सबक लेना, या आनापान ध्यान का अभ्यास करना।

दिन-4, शरीर के प्रत्येक अंग को 1 मिनट तक देखना और खुशी महसूस करना। शरीर के संवेदनशील और असंवेदनशील भागों पर ध्यान केंद्रित करने के लिए सबक लेना, या आनापान ध्यान का अभ्यास करना।

दिन-5, शरीर के असंवेदनशील भाग पर अधिक ध्यान केंद्रित करना और इंद्रियों को समझना और किसी भी इंद्रिय का उत्तर न देना। समानांतर अंग जैसे दोनों तरफ के हाथ आदि पर ध्यान केंद्रित करने की तकनीक सीखें, या आनापान ध्यान का अभ्यास करें और शाम को गुरु से विपश्यना सीखने के लिए शब्द देना।

दिन-6, समानांतर अंग पर ध्यान केंद्रित करना। ऊपर से नीचे और नीचे से ऊपर ध्यान केंद्रित करने की तकनीक सीखें।

दिन-7, ऊपर से नीचे और नीचे से ऊपर की ओर ध्यान

केन्द्रित करें। ऊपर से नीचे और नीचे से ऊपर की ओर ऊर्जा के प्रवाह को महसूस करने की तकनीक सीखें।

दिन-8 ऊपर से नीचे और नीचे से ऊपर की ओर ऊर्जा के प्रवाह का अभ्यास करें। भांग योग की तकनीक सीखें।

दिन-9, भांग योग का अभ्यास करें, जो ऊपर से नीचे और नीचे से ऊपर की ओर मुक्त प्रवाह है। भांग योग के साथ शरीर के विभिन्न भागों में साँस लेने और छोड़ने के वेदना को समझने की तकनीक सीखें।

10वें दिन वेदना पर ध्यान केंद्रित करने का अर्थ है साँस लेना और शरीर के अन्य भागों में प्रवेश करने और बाहर जाने वाली हवा को महसूस करना। भांग योग के साथ काया में संवेदना की तकनीक सीखें, यानी मानव शरीर के कंकाल में।

11वें दिन काया पर ध्यान केंद्रित करने का अर्थ है पूरे कंकाल में और हम हड्डी में और हड्डियों के अंदर संवेदना महसूस कर रहे हैं। भांग योग के साथ चित्त संवेदना को समझने की तकनीक सीखें।

12वें दिन चित्त पर ध्यान केंद्रित करना अर्थात संपूर्ण चित्त और हम चित्त में संवेदना महसूस कर रहे हैं। भांग योग

के साथ धर्म की अनुभूति और धर्म को नियंत्रित करने की तकनीक सीखना।

13वें दिन धर्म पर ध्यान केंद्रित करना और हम भांग योग के साथ दुनिया के लिए धर्म की अनुभूति महसूस कर रहे हैं। मंगल मैत्री सत्र को समझने की तकनीक सीखना।

मंगल मैत्री-

14वां दिन मंगल मैत्री दिवस के लिए है। और नियमित जीवन में वापस लौटना है।

15वां दिन- सुबह के सत्र के बाद अंतिम सत्र। इस तकनीक को मंत्र तंत्र और यंत्र साधना भी कहा जाता है। मंत्र श्वसन को देखता है, तंत्र शरीर में संवेदना महसूस करता है और यंत्र आंतरिक अंग में संवेदना महसूस करता है। यह पूरे शरीर को ठीक करता है और मनुष्य बच्चों की तरह बन जाता है। इससे हमारी छह इंद्रियाँ मस्तिष्क, कान, त्वचा, आँख, दाँत और नाक ठीक हो जाती हैं, जो प्रकृति, ध्वनि, स्पर्श या आसक्ति, चेहरे, स्वाद और गंध के अनुरूप होती हैं।

V. बिना किसी आसक्ति के द्रष्टा भाव में व्यापार या सेवाएँ करना व्यापार और मंगल मैत्री को मजबूत करने का एक उत्कृष्ट तरीका है। धन कमाने के बाद लालच और आसक्ति पैदा करने

के लिए स्वयं के लिए व्यापार करना।

समाज के लाभ के लिए व्यापार करना और समाज के लोगों को व्यापार में शामिल करना और उन्हें लाभ पहुँचाना व्यापार का एक उत्कृष्ट मॉडल है। यह लालच और आसक्ति से दूर रहने में मदद करता है और यह मंगल मैत्री को विकसित करने के लिए द्रष्टा भाव को विकसित करता है।

द्रष्टा भाव ऊर्जा विकसित करता है और लोगों द्वारा व्यापार या सेवाओं को आगे बढ़ाता है। रतन टाटा और टाटा कंपनी उपरोक्त बिजनेस मॉडल का उदाहरण है।

VI. मंदिर, गुरुकुल, उपनयन संस्कार केंद्र, विपश्यना केंद्र, आरएसएस केंद्र, स्वास्थ्य केंद्र और श्मशान घाट या विभिन्न स्थानों पर समाज में 35 वर्षों के बाद निरंतर सेवा करना, त्याग करना, स्वैच्छिक सेवा करना मंगल मैत्री विकसित करने का एक अच्छा तरीका है।

प्राचीन काल में हर गांव में गुरुकुल होते थे जो मंगल मैत्री विकसित करने के लिए मंदिरों या समाज में सेवा करने में मदद करते थे। सेवा से दान के आधार पर मुफ्त शिक्षा के लिए एक शिक्षा केंद्र भी बनता है, जिसे सेवा पूरी करने के बाद एकत्र किया जाना चाहिए। गुरु या अन्य कई लोग मुफ्त

सेवा के लिए मुफ्त लंगर सेवा चलाते थे, भले ही यह भारत में प्रचलन में है। दुनिया के कई मंदिरों में दान के आधार पर लंगर सेवा, आवास और भोजन सेवाएं हैं। बिना आसक्ति के की गई सेवा निश्चित रूप से मंगल मैत्री की स्थिति का तत्व लाती है।

जो लोग लंबे समय तक सेवा करते हैं वे आसमान या उससे भी ऊपर की स्थिति तक पहुँचते हैं। मंगल मैत्री विकसित करने का एक त्वरित तरीका है, त्याग। त्याग वह मार्ग है जो मंगल मैत्री को सबसे छोटे मार्ग में ईश्वर की अवस्था विकसित करने की ओर ले जाता है।

VII. 35 वर्ष की आयु से बोलबम का जाप और हरे कृष्ण हरे कृष्ण कृष्ण कृष्ण हरे हरे हरे राम हरे राम राम राम हरे हरे या बुद्धम शरणम गच्छामि, संघम शरणम गच्छामि धम्मम शरणम गच्छामि का निरंतर जाप करते हुए नंगे पांव चलना मंगल मैत्री विकसित करने का एक अच्छा कदम है।

एक अवस्था ऐसी आती है जब स्वस्थ रहने के लिए कुछ संगीत आवश्यक होता है। जैसे कि जब उम्र परिपक्व अवस्था जैसे कि 35 वर्ष तक पहुँच जाती है, तो यह वह उम्र होती है जब लोगों को जप के क्षेत्र में प्रवेश करना होता है।

हरे कृष्ण हरे कृष्ण कृष्ण कृष्ण हरे हरे, हरे राम हरे राम राम

राम हरे हरे या बुद्धम शरणम गच्छामि, धम्मम शरणम गच्छामि, संघम शरणम गच्छामि या बोलबम, बोलबम का नृत्य के साथ जाप करना वास्तव में एक अद्भुत कार्य है, जो पूरे शरीर को संतुलन की स्थिति में लाता है, जिससे लोग संतुलन या छत्र की स्थिति में पहुंच जाते हैं, जिससे आंखें श्वसन को देखती हैं और मन संतुलन की स्थिति में आ जाता है, जिससे मानव शरीर में सभी प्रकार के दोष दूर हो जाते हैं।

इसके अलावा इसने मंगल मैत्री की एक अवस्था विकसित की। लगातार नंगे पैर चलना एक और तरीका है, जिसमें जब चलना चाहिए, तो संतुलन की स्थिति विकसित होती है, जिससे मगल मैत्री की स्थिति विकसित होती है। बोलबम तीर्थ इस नंगे पैर चलने का वास्तविक और जीवंत उदाहरण है।

करोड़ों लोगों ने नंगे पैर चलकर देवघर की यात्रा की और इस पदयात्रा से लाभ उठाया और मंगल मैत्री के विभिन्न चरणों का विकास किया। जैन मुनि, भिच्छु, बिछुनी, विभिन्न संत नंगे पांव वर्ष दर वर्ष यात्रा करते हैं और मंगल मैत्री के विभिन्न चरणों का विकास करते हैं। 8. यज्ञ, तप और दान मंगल मैत्री के विकास के तरीके हैं।

लोग ज्ञान बांटने, प्रकृति को शुद्ध करने, प्राकृतिक ऊर्जा प्राप्त करने और संघ बनाने के लिए नियमित रूप से यज्ञ, तप और दान का आयोजन कर रहे हैं। एक वर्ष में हर मौसम के बदलने पर 4 ऋतुएँ होती हैं। जलवायु परिवर्तन जीवन पर बुरा प्रभाव डाल रहा है। इसे क्षमता के अनुसार व्रत, पूजन और दान करके चार बार माता की पूजा करके नियंत्रित किया जाना चाहिए। बेहतर स्वास्थ्य के लिए नवरात्रि (माता की पूजा) मुख्य रूप से कोरोना प्रकार के वायरस को नियंत्रित करने के लिए और इसने मंगल मैत्री को भी विकसित किया।

मौसम के परिवर्तन के अनुसार भारतीय महाद्वीप में चार ऋतुएँ होती हैं। मौसम के परिवर्तन पर हमेशा स्वास्थ्य समस्याओं की संभावना बनी रहती है। खराब स्वास्थ्य को बनाए रखने के लिए हम 4 बार नव रात्रि मना रहे हैं जो सभी जाति, पंथ और धर्म से ऊपर है। हम सभी भारतीय महाद्वीप और दुनिया के सभी जाति धर्म के लोगों से 9 दिन का उपवास करने, आयुर्वेदिक जीवन शैली अपनाने और रोग प्रतिरोधक क्षमता को बेहतर बनाने के लिए ऋतु परिवर्तन को बनाए रखने के लिए इस त्योहार को मनाने का आह्वान करेंगे।

पूजा की विधि

9 दिनों की दिनचर्या।

जागने का समय- सुबह 4 बजे

सोने का समय- रात 9 बजे के बाद

1. एकांत में उपवास करें।

सुबह 4 बजे से सुबह 6 बजे तक

2. स्व-सहायता क्रिया करें जिसमें शामिल है (सुबह 4 बजे से सुबह 6 बजे तक)

सुबह 4 बजे से सुबह 4.30 बजे तक

A. नाक में 2 बूंद तेल डालें, 5 मिनट तक भाप लें और 5 मिनट तक गरारा क्रिया करें। 10 मिनट तक खुद तेल मालिश करें और फिर स्नान करें।

सुबह 4.30 बजे से सुबह 5 बजे तक

B. गुरु वंदना

C. आत्म समर्पण प्राणायाम

सुबह 5 बजे से सुबह 5.30 बजे तक

D. सरबंग योग प्राणायाम

E. जीवन ऊर्जा प्राणायाम (कुंभक)

F. इंद्रिय, मस्तिष्क, बुद्धि नियंत्रण प्राणायाम

सुबह 5.30 बजे से सुबह 6.30 बजे तक

G. आत्म नियंत्रण प्राणायाम

सुबह 6.30 बजे से सुबह 7 बजे तक

3. नीम या गिलोय या आम के पत्तों का रस या CCF का रस लें।

4. ताजे स्थानीय फल, तरल भोजन खाएं।

सुबह 7 से 8 बजे तक

5. आराम करें

सुबह 8 से 10 बजे तक

6. कलश में गंगाजल + सप्तमातृका + पंचरत्न + कुश + दुभि + सर्वसिद्धि + चंदन + कसली + भरे हुए चावल + नारियल रखें और कलश के नीचे मिट्टी के साथ सप्तधान रखें + दैनिक पूजन (गुरु के मार्गदर्शन में)।

सुबह 10.30 से दोपहर 2.30 बजे तक

7. एक आसन पर बैठें और प्रतिदिन संपुट पाठ करें (गुरु के मार्गदर्शन में), चंदन, कपूर, घी से आरती और हवन करें। इसे करने में सामान्य समय तीन घंटे लगेगा।

दोपहर 2.30 से 3.00 बजे तक

8. दोपहर का भोजन सूखे मेवे की खीर का करें।

दोपहर 3 बजे से शाम 5 बजे तक

9. आराम करें

10. घर और काम पर 9 दिनों तक जितना संभव हो सके मौन रहें, द्रष्टा और समता भाव का ध्यान रखें।

9 दिनों तक इस यज्ञ के अलावा कोई अन्य काम न करें।

शाम 5 बजे से 7.30 बजे तक (शाम)

11. आनापान ध्यान और विपश्यना करें-60 मिनट

शाम 7.30 बजे से 8 बजे तक

12. माता की रात्रि आरती।

रात 8 बजे से 9 बजे तक

13. बिना घी या तेल के 4 हाथ से बनी गेहूं की रोटी चना दाल और आलू की सब्जी हल्दी, धनिया और हरी मिर्च के मसाले के साथ लें या जो लोग 9 दिनों तक अन्न ग्रहण नहीं करेंगे, उन्हें सूखे मेवे की खीर खिलाएँ।

रात्रि 9 बजे से प्रातः 4 बजे तक (रात्रि)

14. विश्राम

अंतिम दिन और प्रवचन

15. हवन क्रिया करने के पश्चात 9वें दिन दान क्रिया करें (गुरु के मार्गदर्शन में)

16. 10वें दिन आरती करने के पश्चात परिवार के सभी

सदस्यों को कलश अमृत/शांति जल वितरित करें, पूरे शरीर पर लगाएं और घर के प्रत्येक भाग में जल डालें। वैदिक विशेषज्ञों के मार्गदर्शन में इस जल का उपयोग औषधि के रूप में किया जा सकता है। सप्त धन के पौधे को काढ़ा बनाकर या बिना काढ़ा बनाकर औषधि के रूप में उपयोग करना चाहिए।

यह उपरोक्त क्रिया दो ऋतुओं के संगम पर प्रत्येक 3 महीने में की जाने वाली एक उत्कृष्ट पूजा है जिसमें यज्ञ, तप और दान शामिल है। यह यज्ञ न केवल स्वस्थ रहने में मदद करता है बल्कि मंगल मैत्री के विभिन्न स्तरों को विकसित करने में भी मदद करता है।

IX. सकारात्मकता का सिद्धांत

-वास्तव में सकारात्मकता का सिद्धांत अच्छे प्रश्नों में से एक है।

-सकारात्मकता के सिद्धांत के अर्थ के बारे में सवाल उठाया जाता है।

-विभिन्न लोगों ने सकारात्मकता के संबंध में कई सिद्धांत लिखे हैं।

-निश्चित रूप से हमने ऊपर जिस मूल सिद्धांत पर चर्चा की है, वह वास्तव में सकारात्मकता का आधार है।

-सकारात्मकता मन की एक स्थिति है जिसे विभिन्न गतिविधियों द्वारा विकसित किया जाना चाहिए और लगातार प्रणाली का पालन करना चाहिए।

-सकारात्मकता जीवन का तरीका है।

-यहां हमने लोगों को एक मूल्यवान यात्रा के लिए आंदोलन करने के लिए आध्यात्मिक तरीके से सकारात्मकता सिद्धांत विकसित किया है।

सकारात्मकता का सिद्धांत विवरण

Particulars	Situation1	Situation 2	Situation 3	Situation 4	Situation 5	Situation 6	Situation 7	Situation 8	Situation 9	Situation 10	Situation 11
Fixing Goal	+	+	+	+	+	-	-	-	-	-	+
Planning (Thinking)	+	+	+	+	-	-	-	-	-	+	+
Doing (activity)	+	+	+	-	-	-	-	-	+	+	+
Discipline (control)	+	+	-	-	-	-	-	+	+	+	+
Punctuality (Actuating)	+	-	-	-	-	-	+	+	+	+	+
Result	+++++ +++++ ++	++	------	------- --	------ ---	------ ------ ------	------ ---	------	---	++	+++++ +++++ ++

- इन चार्ट की व्याख्या क्या है ? एक सहज प्रश्न।

- स्थिति 1. जब सब कुछ सकारात्मक है, तो सकारात्मकता लगातार बढ़ेगी और इसे परिणाम के रूप में जोड़ा जाना चाहिए।

- स्थिति 2- जब समय की पाबंदी को छोड़कर सब कुछ सकारात्मक है, तो परिणाम सकारात्मक आएगा।

-स्थिति-जब लक्ष्य तय करना, योजना बनाना और करना

सकारात्मक हो और अनुशासन और समय की पाबंदी नकारात्मक न हो, तो नकारात्मक परिणाम सामने आएंगे।

-स्थिति 4.-जब लक्ष्य तय करना, योजना बनाना सकारात्मक हो और बाकी नकारात्मक हों, तो परिणाम नकारात्मक होगा।

-स्थिति 5-जब लक्ष्य तय करना सकारात्मक हो और बाकी नकारात्मक हों, तो नकारात्मकता का परिणाम बढ़ जाएगी।

-इसी प्रकार स्थिति 6-11 का वर्णन किया जाना चाहिए।

जीवन में सकारात्मकता किसी भी स्तर पर लाई जा सकती है। सिद्धांत के अनुसार, जीवन को सकारात्मक तरीके से कुछ लक्ष्य तय करना होता है, और उसके अनुसार सकारात्मक तरीके से योजना बनानी होती है। सकारात्मक तरीके से योजना के अनुसार कार्य करें। सकारात्मक परिणाम को निरंतर तरीके से प्राप्त करने के लिए सकारात्मक तरीके से 100% अनुशासन और समय की पाबंदी की आवश्यकता होती है।

क्या यह सिद्धांत नहीं है कि मनुष्य ब्रह्मांडीय युग तक जीवित रह सकता है?

क्या यह सिद्धांत नहीं है कि मनुष्य कुछ भी हासिल कर सकता है ?

क्या यह सिद्धांत नहीं है कि मनुष्य भगवान बन सकता है ?

क्या यह आत्म-साक्षात्कार के लिए एक अद्भुत सिद्धांत नहीं है। यदि नहीं, तो यह मास्लो सिद्धांत की सभी आवश्यकताओं को पूरा करने में मदद करेगा। अब हम एक मूल्यवान जीवन के लिए कार्यप्रणाली पर चर्चा करने की स्थिति में हैं।

निष्कर्ष

मनुष्य और प्राणियों का स्वभाव और चरित्र मंगल मैत्री अवस्था में होना चाहिए, लेकिन आवश्यकताएँ और कर्म मनुष्य और अन्य प्राणियों को परेशान करते हैं और यह सकारात्मकता और मंगल मैत्री से दूर होने के कारण भोक्ता भाव में पहुँच जाता है।

मंगल मैत्री द्रष्टा भाव से शुरू होती है, यह जीवन में वह अवस्था है जो जीवन के विभिन्न चरणों तक पहुँचने के लिए विकसित होना आवश्यक है जैसे कि महर्षि, ऋषि, संत, साधु, मुनि और आज की दुनिया में वैज्ञानिक, राजनीतिज्ञ, विचारक, अर्थशास्त्री, शोधकर्ता आदि बनना।

अनुशासन, ज्ञान, अभ्यास, सेवा, जप, त्याग, यज्ञ, तप, दान और सकारात्मकता अमरत्व विकसित करने के लिए मंगल मैत्री की अंतिम अवस्था को विकसित करने का मार्ग है। विश्व या ब्रह्मांड में विभिन्न अनदेखे मुद्दों को खोजने के लिए मंगल मैत्री की अवस्था। ऊपर वर्णित पद्धति मंगल मैत्री के विभिन्न पदों को विकसित करने का तरीका है।